明清小说中的延庆话

郭东亮———著

长江出版传媒

长江文艺出版社

千江有水千江月

序郭东亮先生《明清小说中的延庆话》

"少小离家老大回，乡音无改鬓毛衰。儿童相见不相识，笑问客从何处来。"

在无数璀璨的唐诗中，贺知章的《回乡偶书》别具一格，寥寥数语，"乡音"便穿透了几十年的距离与生疏。这就是方言的力量。

曾几何时，在异国他乡的茫茫人海中，一句熟悉的家乡方言就可以让素昧平生的中国人成为把酒言欢的朋友。在喧嚣的城市中，总会传来七言八语的南腔北调，热烈的，柔软的，奔放的，委婉的，编织起五彩缤纷的世界。方言是维系族人感情的纽带，是家国情怀的延展，是游子童年的记忆，是归人叩响的门环，是烽火连三月中家书的慰藉，是根植于血脉里的对故乡的深深眷恋。

我出生在延庆，成长在妫川。家乡殷实的土地滋润着我的成长，妫川的乡土文化哺育并磨砺了我的翅膀，让我在而立之后闯荡异乡。这一别就是二十年，百合花①历经二十次开合，妫水河冰封融化交替。二十年的烟雨迷离，江阔云低。"掉头一去是风黑吹发，回首再来已雪满白头。浪子已老了，惟山河不变"（余光中语）。然而我对故乡的眷恋却丝毫不减，且历久弥深……

---

① 百合花为延庆区花。

2012 年农历龙年伊始，《妫川》杂志社向我约稿，我欣然从命，饱含激情写下《妫川赋》：

"妫川之地，古夏阳川……山城边镇，战和交替，民族融合，地老天荒。民风淳厚，文风清爽，尊师重教，耕读家昌。灵照禅寺、古刹檀香缭绕；冠山书院、私塾翰墨芬芳。妫人质朴，内修仁义，外合四海，亲不图利，仕不谋赏。仰灵山秀水之魂兮，惠民俗而风淳；把道统清泉之源兮，沃民智而流长……"

延庆自元以来就是京畿重镇，北门锁钥，平时通商，战时御敌。多民族杂居，加之环境相对闭塞，造就了延庆方言独树一帜的地域色彩：凝练明快、生动有力、概括力强。延庆方言元音准确，辅音简洁，俗语生动幽默，词语丰富多彩，语调富有节奏感。方言根植于民间，承载着大量族群发展演变过程中的文化信息，是民族文化的活化石。各个民族与各个地区的民俗方言千百年来血脉相传，汇聚成中华民族璀璨的大中华文化。延庆方言是其中具有独特魅力的一支。

据延庆方言专家陈超先生考证，延庆方言是以晋中南的语音为基调，融合了全国多地区特别是北方地区、多民族的语言而形成的独特地方语言，是北京郊区独一无二的地区方言，堪称北方汉语言的活化石。然而，因为大部分方言出处无考，长久以来大多研究人员认为延庆方言是俗语土话，是延庆人闭门造车的产物。这也让现代延庆人未免有少许失落之感。

郭东亮先生的《明清小说中的延庆话》一书，从元明清文脉中找到了延庆方言的演变轨迹，从历史纵向维度，对延庆方言溯本求源。这让我们终于认识到延庆方言从来都没有离开过中华民族前进的序列，而且在民族大融合中始终起着积极的作用。延庆方言丰富的历史底蕴和文化内涵是一个值得长期挖掘、研究的文化宝藏。

众所周知，中国文学发展到元明清时代，戏曲、小说的登堂入室使得文坛面貌焕然一新。这一时期，士大夫们认为"正宗"的诗词、散文整体上江河日下，裹足不前，而原来不登大雅之堂的戏曲、小说却蓬勃发展起来。最伟大的文学家关汉卿、曹雪芹就出现在这两个领域里，中国古代著名的戏曲和小说也先后出现在这个时期。

作家们大量运用通俗的、鲜活的民间语言来叙述情节，塑造人物，表达思想，抒发感情。因此，这时期文学作品的语言，有着鲜活的时代特色和独特的中华民族气派。在这种民族特色非常鲜明的语言中，方言俗语显得特别亲切与灵动。

方言俗语的大量运用，又为这时期文学带来了强大的艺术魅力，传世之作纷纷登场亮相。因此，郭东亮先生的这本《明清小说中的延庆话》更显得弥足珍贵，它不仅记录下了那个时期延庆方言的原始风貌，找到了延庆方言的历史出处，也拉近了延庆民俗文化和元明清文学的距离。因此，这本书既可以作为了解延庆方言历史的工具书，也可以作为了解延庆的一本珍贵文献资料。

钱钟书先生早年曾对夫人杨绛说："我志气不大，但愿竭毕生精力，做做学问。"好一个竭毕生精力，做做学问。郭东亮先生就是这样一位真正做学问的人。

古来凡做学问者，要抵得住寂寞，忍得住孤独，"板凳甘坐十年冷"。王国维在《人间词话》中说，古今之成大事业、大学问者，必经过三种之境界："昨夜西风凋碧树，独上高楼，望尽天涯路。"此第一境也。"衣带渐宽终不悔，为伊消得人憔悴。"此第二境也。"众里寻他千百度，蓦然回首，那人却在，灯火阑珊处。"此第三境也。

郭东亮先生立志高远,,选择了一条注定艰辛却意义非凡的治学之路，在前辈探索的基础上继往开来，深入挖掘，科学考证，系统梳理，从历史纵深角度完成了第一部延庆方言工具书。他守住初心，甘于寂寞，辛勤劳作，厚积薄发，终成正果。17万字的书稿，3000个多例句，见证着延庆方言从元明清一路走来，既亲切，又陌生，也让我们看到了一位学者的使命感与责任担当，令我的钦佩之情油然而生。

郭东亮先生是位真正的学者。二十个春秋冬夏，他通读《红楼梦》《水浒传》《西游记》《金瓶梅》《三言二拍》《儒林外史》《醒世姻缘传》《儿女英雄传》《清平山堂话本》《宋元话本小说》《中国十大悲剧》《中国十大喜剧》等元明清文学作品，在近千万字的文学作品中寻根觅祖，并对其中的延庆方言例句进行摘抄归类，犹如千辛万苦沙里淘金一般，可见其治学之严谨。二十年岁月如歌，任凭风云变幻，他不改其志，厚厚的书单背后是无数个不眠之夜。潜心钻研，考据精确，议论高简，可见其品质之坚韧。郭东亮先生著此书之源源不断的动力来自他对延庆这片乡土无限的热爱，可见其情怀之真挚。

"千淘万漉虽辛苦，吹尽狂沙始到金。"历经二十年酝酿、四年打磨，郭东亮先生终于在其花甲之年完成了弱冠时的夙愿。此书对于保护和研究延庆方言，提高延庆文化自信，都会起到积极作用。一言以蔽之，这是一本具有较高学术价值的作品，是北方汉语言活化石的最好注脚，时间会给予它应有的历史地位。因此，在恭贺郭东亮先生的同时，更感觉这是延庆文化界值得骄傲的一件事情。

"一支独放不是春，万紫千红春满园。"只要美丽的中文不老，延庆方言就会随妫水河一样滚滚流淌，滋润着妫川一方热土，为中华民族文化花园里增添一抹绚丽的色彩。

是为序。

乔雨

2020 年 3 月 29 日于燕京听雨轩

前　言
——从历史文脉中走来的延庆方言

郭东亮

一

我是谁？从哪里来？到哪里去？这三个古老的话题对个人、团体、社会、国家、民族同样具有重要意义。而别具特色的延庆方言也面临着这三个问题的困扰。

什么是延庆方言？延庆方言有哪些独特词语、哪些语调特征？热爱延庆方言的先驱们已经做了许多有价值的探索和整理工作。本书想从历史纵的角度，探索一下延庆方言从哪里来的问题。

我对延庆方言感兴趣源于自己的阅读经历。1981年，我到北京城里上大学，所学专业是中文，也就是现在的汉语言文学。初到城区，我浓重的延庆口音和方言，不时被同学模仿，这一度让我感到自卑。但是，我在阅读古典文学时，特别是在阅读《红楼梦》《水浒传》《西游记》等文学巨著时，发现林黛玉、贾宝玉、王熙凤、林冲、武松、孙悟空、猪八戒说的都是我们延庆常用的方言。例如《西游记》：八戒道："师父，莫怪我说。若论赌变化，使促掐，捉弄人，我们三五个也不如师兄；若论老实，像师兄就摆一队伍，也不如我。"（第七十三回　情因旧恨生灾毒　心主遭魔幸破光）这让我感到既意外又激动。

　　大学毕业到中学教书后，我再次精读《红楼梦》，并做了圈点批注，曾想将其中的延庆方言土语筛选出来。但是连续九年担任高三毕业班语文老师，深知自己的教学态度、水平和学生一生的命运关系，所以整理方言的事情只能放一放。1994 年，我调到原延庆县委宣传部从事新闻宣传工作，本想借此机会完成整理《红楼梦》中的延庆方言的工作，没想到宣传工作更忙，并且一忙就是 23 年。

　　2017 年，我退休之后，终于有时间整理《红楼梦》中的延庆方言了。此前，我认真拜读了孙钊、曹金刚、马维德、李自星、陈超、朱学元、方秀刚、赵万里等先生关于延庆方言的书籍，对延庆方言有了一个总体把握。然后，我又开始逐字逐句品读《红楼梦》，在字里行间寻找着乡音、乡情与乡愁。我对比阅读了几个较好版本的《红楼梦》。为了研究的方便，我将《红楼梦》中与延庆方言相同的语句进行了提取、甄别，还对凡出现两次以上者在词条后面均标明出现频率。这样做的目的是从中可以看出一些词语针对什么人物量身定做的，例如书中"恍恍惚惚"一词出现了 8 次，6 次是描写贾宝玉的；"褒贬"一词出现 5 次，4 次是描写王熙凤的；"小性儿"一词出现 6 次，全都是描写林黛玉的，且出自 6 个人的看法。这难道是偶然吗？再者，从这些与延庆方言相同的方言中也可以看到前八十回与后四十回的语言风格有着明显不同和变化，限于篇幅，恕不赘述。

二

2019年底，我整理成8万多字的书稿——《来自〈红楼梦〉的延庆方言》。中国作协会员、延庆区作协主席周建强先生听说后，建议我扩大范围，将元明清时期知名小说戏曲中的延庆方言全部筛选出来，这样可以增加作品的厚度、力度和说服力。著名青年作家林遥先生听说后，建议我认真阅读清代作家文康的《儿女英雄传》，因为这本书中延庆方言也比较多。德高望重、一直用行动推动妫川文化事业的乔雨先生听说此事后，称赞此书可流传数百年，并欣然同意为本书作序。他们的建议和鼓励让我信心大增，于是，2020年，我抓紧时间精读了《水浒传》《西游记》《金瓶梅》《三言》《二拍》《醒世姻缘传》《儒林外史》《儿女英雄传》《清平山堂话本》《宋元话本小说》以及部分元明清著名戏曲等文学作品，并对其中的延庆方言例句进行摘抄归类。

读书自得之乐，妙处难与人说。虽然是在上千万字中看似枯燥地寻章摘句、沙里淘金，但独得之乐是难于言传的。延庆人经常使用"不着调"这个方言来批评人，但是我在大量阅读中总是找不到"不着调"这个词。直到2020年12月，我才终于在古本《窦娥冤》中找到"不着调"这个词，当时那个感觉就是"众里寻他千百度，蓦然回首，那人却在灯火阑珊处"。

此外我还发现一个特殊现象，即书中涉及的象声词，延庆人基本都在用，且发声基本没变化。说到此，作为延庆人，不应该再为说延庆方言感到自卑了吧。我们要学会说普通话，但是说延庆方言也是我们自信的表达。

在古代文学中，延庆方言生动准确传神。王熙凤是古典文学中可复制、光彩照人的文学形象，堪称《红楼梦》中的女汉子和铁腕管家，形成其性格的原因很多，其中一个重要原因就是她怕人"褒贬"：

例1："凤姐见如此，心中倒十分欢喜，并不偷安推托，恐落人褒贬，因此日夜不暇，筹划得十分的整肃。"（《红楼梦》第十四回　林如海捐馆扬州城　贾宝玉路谒北静王）

例2：第一个凤姐事多任重，别人或可偷安躲静，独他是不能脱得的；二则本性要强，不肯落人褒贬，只扎挣着与无事的人一样。（《红楼梦》第十九回　情切切良宵花解语　意绵绵静日玉生香）

例3："……虽说我现今身子不好，想来也不致落褒贬，必是比宁府里还得办些。"（《红楼梦》第一一零回　史太君寿终归地府　王凤姐力诎失人心）

"褒贬"，复词偏义，意思落在"贬"字上，意为批评、指责，让人瞧不起。这个词延庆人现在也广泛运用，例如："王姐这人心冷嘴冷，每天不背后褒贬别人几句就浑身难受。"

"褒贬"一词在《红楼梦》出现5次，4次都是描写王熙凤争强好胜的，而这也正是她"机关算尽太聪明，反算了卿卿性命""生前心已碎，死后性空灵"的一个重要原因。

再如"款款"一词，延庆人现在口语中也广泛使用。很多人不知道的是这个词在古典名著中也被广泛使用，对于塑造人物形象发挥了重要作用。请看下例：

例1：史进轻舒猿臂，款扭狼腰，只一挟，把陈达轻轻摘离了嵌花鞍，款款揪住了线搭膊，丢在马前受降。（《水浒传》第十四回 王教头私走延安府 九纹龙大闹史家村）

例2：闻人报："大爷进来了。"唬的众婆娘唿的一声，往后藏之不迭，独凤姐款款站了起来。（《红楼梦》第十三回 秦可卿死封龙禁尉，王熙凤协理宁国府）

头一个"款款"说明了史进的神力和仗义，第二个"款款"对比刻画了王熙凤的遇事不慌、从容镇定的性格。

类似的例子很多，不再赘述。举例子的目的是想说明，延庆方言不是"土得掉渣儿"，而是古朴得有底蕴。

三

综上所述，延庆方言是有出处的，有来历的，有根基的，只不过由于读音变异和书写差异，导致一些人误以为延庆方言是延庆土生土长、独一无二的。实则不然，延庆方言是能从元明清文脉中找到自己老家、来路的。这一时期主要文学作品包含了大量延庆方言，除了《红楼梦》作者曹雪芹和《儿女英雄传》作者文康是无争议的北京籍贯外，其他的籍贯多在山东和山东以南到江浙一带，我们甚至可以假设，鉴于延庆历史上是农耕文化与游牧文化的交汇点，那时候延庆的移民、军事、商业、文化和民族交流交融很多，对延庆方言的形成起到了至关重要的作用。而延庆又地处内外长城之间，因此我们也可以说：延庆方言是长城文化不可或缺的一部分。

清末以来，特别是民国以来，随着全国政治文化中心南移，延庆作为农耕文化与游牧文化交流点的作用日渐衰微，对外更加封闭，受外来文化和语言影响也更小。惟其如此，延庆方言才像乔家大院或平遥古城一样，因为特殊原因被意外侥幸保存下来，成为延庆的一大特色文化。但是，随着延庆和外界交通交流更加便利和频繁，受外面影响越来越大，说延庆方言的人无疑将越来越少。从这个意义上讲，说延庆方言是北方汉语言的活化石一点也不为过。正因如此，从历史纵的角度整理延庆方言才显得更有意义，更有价值，因为这是一种对非物质文化遗产的自觉保护。这也是我编写这本书的一个主要目的，就是希望读此书者，能够看得见山，望得见水，听得见乡音，记得住乡愁。其实，不仅是延庆，北方许多地区的人们看了本书元明清文学作品中的例句，也应该感到格外亲切，因为那里也有他们的乡音、乡情和乡愁。

在例句的选择上，本着优中选优的原则，尽量交叉使用《水浒传》《金瓶梅》《西游记》《红楼梦》《三言二拍》《醒世姻缘传》《儿女英雄传》等读者较为熟悉的作品。当然，在具体词条下，尽可能照顾这些词条例句产生的先后顺序，让读者对这些词条有个纵的历史认识。对于出现频率低而目前延庆方言中经常使用的方言，则尽量从不同作品中摘录进行对比。如果例句中上下文语境对词语有解释作用，则优先选用。书中所举延庆方言的例句，我力求其具有时代色彩和印记，涉及的人和事则采取"甄士隐"的办法，既留下时代印记，又要避免有人对号入座，自寻烦恼。

有几点需要指出说明：第一，在古典四大文学名著中，除《三国演义》为"文不甚深，言不甚俗"的浅显文言小说，绝少方言，本书未能选录外，考虑篇幅和实际作用，其他三大名著《水浒传》《西游记》和《红楼梦》均标明例句出处和章回题目内容，目的是将延庆方言放在具体的情节和语境中让读者体会，借此激起更多人阅读古典文学原著的兴趣。其他作品例句只标明具体章回，不再标明章回题目具体内容。第二，本书所选例句按照音序排列，考虑到现在读者文化水平较高，故此除目录按照音序排列部分标有拼音外，正文词条中只有生僻字词和多音字进行了注音，便于读者舒畅阅读。第三，古代文学版本甚多，差异误讹很多，有的版本干脆删掉了少数方言。因此，有的例句若从某一个版本来看，也许并不准确，望读者谅解。第四，有的延庆方言已经延伸到唐代宋代，但数量极少，故文章题目没有拉上唐宋充数。

本书涉及的明清小说，最早的《水浒传》至今已经700年，最晚的《老残游记》也已超过100多年，由于时代的变迁和版本问题，很多词语和语句在今天看来似乎不通不对，但为了尊重历史和作者，所摘录的例句力求保持原貌而不敢擅自改变。

需说明的是，本书所选延庆方言例句，并非只有延庆人使用而外界不使用，凡是延庆人经常使用的、有明显延庆特色的方言都予以摘录使用。摘录的原则是宁宽勿缺，希望本书能成为延庆方言丛书家庭成员一份子，更希望大家批评指正。

本书承蒙赵万里、胡玖梅、周宝平、胡洋、申冰堂同志参与修改校对，在此一并感谢。

虽竭尽全力，但限于水平和能力，错误和不足难免，欢迎大家批评指正。

2021 年 1 月

目　录

CONTENTS

A

挨刀的

释义：旧时死因于法场受刀斩首，故骂人缺德该死为"挨刀的"。后为关系亲密者嬉戏或者调情时使用词语。

延庆话现在仍用"挨刀的"这个词语，并且演变为"挨刀货""挨咔嚓刀的"，更具感情色彩。

《红楼梦》：尤氏在外面悄悄地啐了一口，骂道："你听听这一起子没廉耻的小挨刀的，才丢了脑袋骨子，就胡吣嚼毛了。"（第七十五回　开夜宴异兆发悲音　赏中秋新词得佳谶）

延庆话："三狼干粮"这个挨刀货整天说寒碜话，真不是个好枣。

矮子里选将军

释义：喻在水平不高的人中挑选担任重任的人。

延庆话多为"矬子（cuó zi）里拔将军"，意思用法一样。

《小五义》第五十三回：常言一句俗话说：矮子里选将军。就算他的能耐有限，但与这些打手打起来，他的本领却比打手胜强百倍。

延庆话：在人才短缺的地方，"矬子（cuó zi）里拔将军"不失为一种因地制宜的用人办法。

爱 小

释义：好占小便宜。

《西游记》1：正无点雨之时，钟南山来了一个道士，他善呼风唤雨，点石为金。君王忒也爱小，就与他拜为兄弟。（第三十七回　鬼王夜谒唐三藏　悟空神化引婴儿）

《西游记》2：不期我这两个徒弟爱小，拿出这衣物，贫僧决不敢坏心，当教送还本处。（第五十回　情乱性从因爱欲　神昏心动遇魔头）

延庆话：这位女士别的都好，就是有个爱小的习惯，背后被人议论。

碍 眼

释义：1. 不顺眼。2. 嫌有人在跟前不便。

《水浒传》1：每日却自和西门庆在楼上任意取乐，却不比先前在王婆房里，只是偷鸡盗狗之欢，如今家中又没人碍眼，任意停眠整宿。（第二十六回　郓哥大闹授官厅　武松斗杀西门庆）

《水浒传》2：却说海黎这贼秃，单为这妇人结拜潘公做干爷，只吃杨雄阻滞碍眼，因此不能够上手。（第四十五回　杨雄醉骂潘巧云　石秀智杀裴如海）

延庆话：嫌我碍眼不是？有本事你把我调走呀！

俺 们

释义：我们。

《老残游记》第十三回："俺们是乡下没见过世面的孩子。"

《儒林外史》第二回：众人道："俺们也有好几家孩子要上学。"

延庆话：俺们是农民出身，可不敢忘本。

熬 煎

释义：比喻忧愁与苦难折磨。

《陈州粜米》第三折：只今个贼仓官享富贵，全不管穷百姓受熬煎。

《警世通言》第三十八卷：（蒋淑真）朝夕之间，受了多少的熬煎，或饱一顿，或缺一顿，家人都不理他了。

延庆话：这个孩崽子天生一个蔫土匪，真叫个熬煎人。

B

八面见光

释义：形容人非常世故，各方面都能应付得很周到。多作贬义词使用。

《儿女英雄传》第十回：张姑娘这几句话，说得软中带硬，八面见光，包罗万象。

延庆话：五代时期的冯道，在四个王朝担任宰相，侍奉十位帝王，绝对是个八面见光的角色。

八十岁学吹鼓手

释义：形容年纪一大把才开始学新手艺，年纪太大，很不容易学好。吹鼓手是传统婚丧礼仪中吹奏乐器的人。

《负曝闲谈》第十七回：子文道："我只要是叫你读书，这读书就是自立的根基，这里头什么都有。"他娘道："真正笑话！这不成了八十岁学吹鼓手了么？"

延庆话：老李退休后又上了老年大学，他自谦为八十岁学吹鼓手，自得其乐而已。

八下里

释义：指四面八方，各处。

《红楼梦》：平儿听了，方想起来，笑道："哦！你早说是他，我就明白了。"又笑道，"也太派急了些。如今这事，八下里水落石出了，连前日太太屋里丢的也有了主儿。"（第六十一回 投鼠忌器宝玉瞒赃 判冤决狱平儿行权）

延庆话：这孩崽子不知跑哪儿去了，怎么四面八下里哪都找不到呀？

巴巴结结

释义：努力，吃力，勉强，凑合。

《醒世恒言》第三十三卷：父亲应允自去。光阴迅速，大娘子在家，巴巴结结，将近一年。

延庆话：男人外出打工，女人在家种地，孩子上学，老人有病，一家人日子过得巴巴结结。

巴 拉

释义：拉扯，用手拨弄。延庆话也写作"扒拉"，且有快速吃饭的意思。

《醒世姻缘传》第七十九回：再三巴拉着，寄姐才放了手没打。

延庆话1：听说儿子又逃学了，父亲一下巴拉儿子一个大马趴。

延庆话2：听到紧急会议通知，我赶紧扒拉几口饭，便匆匆赶往会场。

疤瘌（bā la）流星

释义：表面不光滑，小疤痕很多。

《红楼梦》：那婆子道："我在这里赶蜜蜂儿。今年三伏里雨水少，这果子树上都有虫子，把果子吃的疤瘌流星的掉了好些下来……"（第六十七回　见土仪颦卿思故里　闻秘事凤姐讯家童）

延庆话：一场雹子过后，树上的苹果被打得疤瘌流星，果农难过得直掉眼泪。

巴着眼

释义：贴近物体睁大着眼认真或者好奇地看。

《红楼梦》：只见焙茗拿进一件衣服来，宝玉不看则已，看了时神已痴了。那些小学生都巴着眼瞧。却原是晴雯所补的那件雀金裘。（第八十九回　人亡物在公子填词　蛇影杯弓颦卿绝粒）

延庆话：这孩子真是个瘾症鬼，白天不好好学习，夜里总躲在被窝里巴着眼玩手机。

湃（bá）

释义：用冰镇或用冷水浸使东西变冷叫"湃"，体感很凉。

《红楼梦》1：晴雯摇手笑道："罢，罢，我不敢惹爷。才刚鸳鸯送了好些果子来，都湃在那水晶缸里呢，叫他们打发你吃。"（第三十一回　撕扇子作千金一笑　因麒麟伏白首双星）

《红楼梦》2：芳官早托了一杯凉水内新湃的茶来。因宝玉素昔秉赋柔脆，虽暑月不敢用冰，只以新汲井水将茶连壶浸在盆内，不时更换，取其凉意而已。（第六十四回　幽淑女悲题五美吟　浪荡子情遗九龙佩）

延庆话：冰箱里太湃的东西，胃口不好的人尽量不吃。

把把（bǎ ba）

释义：粪便。

《岳飞精忠》楔子："得了胜的着他帅府里就挂元帅印，输的都罚去史家胡同吃把把。"

《醒世姻缘传》第三十三回：如今自己挑了黄葱葱的一担把把，这臭气怎生受得？

延庆话：有的孩子刚上幼儿园，不敢在园里厕所拉把把，结果放学时已经拉在裤子里了。

霸拦（bà lán）

释义：依强势、蛮横等手段将好处占为己有；或者阻挡别人分取、占有应得的权益。

《金瓶梅》第十一回：少倾，金莲进房，望着雪娥说道："比如我当初摆死亲夫，你就不消叫汉子娶我来家，省得我霸拦着他，撑了你的窝儿。"

《儒林外史》第五十四回：这南京城，二十年前有个陈和甫，他是外路人，自从一进了城，这些大老官家的命都是他霸拦着算了去，而今死了。

延庆话：仗着自己是城里人，张大妈长年霸拦着孙子，不让农村的亲家母看护。

白

释义：不要，别，是"别"的变音。

《红楼梦》1：王夫人焦躁道："用不着偏有，但用着了，再找不着。成日家我说叫你们查一查，都归拢在一处。你们白不听，就随手混擩。你们不知他的好处，用起来得多少换买来还不中使呢。"（第七十七回　俏丫鬟抱屈夭风流　美优伶斩情归水月）

《红楼梦》2：宝玉道："白这么说罢咧，我坐一会子就进来。你也乏了，先睡罢。"（第一〇九回　候芳魂五儿承错爱　还孽债迎女返真元）

延庆话：你白以为我什么都不知道，等我说出来就晚了。

白不言语

释义：不要不说话。

《金瓶梅》第五十八回："郑家那贼小淫妇儿，吃了糖五老座子（糖五老座子，用糖做的五老像，用以喻甜头、好处），白不言语，有些出神的模样，敢记挂着那孤老儿在家里？"

延庆话：上级来单位调研，你们白不言语，知道什么说什么。

白不在

释义：不要紧，没关系，无所谓。

延庆话多作"白不咂（zā）"，意思用法一样。

《红楼梦》：我且养病要紧，便是好了，我也作个好好先生，得乐且乐，得笑且笑，一概是非都凭他们去罢。所以我只答应着知道了，白不在我心上。（第七十四回　惑奸谗抄检大观园　矢孤介杜绝宁国府）

延庆话：不就这点小事吗，白不咂的，甭往心里去，下回努力就行了。

白　话

释义：指不能实现或没有根据的话；聊天，谈话。

《红楼梦》：宝玉笑道："又说白话。苏州虽是原籍，因没了姑父姑母，无人照看，才就了来的。明年回去找谁？可见是扯谎。"（第五十七回　慧紫鹃情辞试忙玉　慈姨妈爱语慰痴颦）

《醒世恒言》第九卷："王三老正在门首，同几个老人家闲坐白话。"

延庆话：他这个人没个正经形，甭听他瞎白话。

白眉赤眼

释义：无来由，平白无故。如《宛署杂记·民风二》：

"语无稽曰白眉赤眼。"

《红楼梦》：晴雯道："白眉赤眼，作什么去呢？到底说句话儿，也像件事啊。"（第三十四回　情中情因情感妹妹　错里错以错劝哥哥）

延庆话：你再白眉赤眼地挑肥拣瘦，往后就别回家吃饭了。

白饶（ráo）

释义：白搭，无代价地额外多给。

《荡寇志》第八十二回："便是半路上吃他醒了叫骂，已是白饶。"

延庆话：这女士有个习惯，不论买什么东西，都要求商家白饶一些东西，否则就死缠烂打，绝不罢休。

伯伯（bǎi bai）

释义：叔叔。

《水浒传》：那人便叫妇人穿了衣裳，快近前来拜了武松。武松道："却才冲撞，嫂嫂休怪。"那妇人便道："有眼不识好人，一时不是，望伯伯恕罪。且请伯伯里面坐地。"（第二十七回　母夜叉孟州道卖人肉　武都头十字坡遇张青）

延庆话：延庆人将父亲的兄弟称作"伯伯"，让人觉得很各色。

摆拨 (bǎi bō)

释义：1. 撇开，摆脱。2. 处置，安排。3. 犹挣扎。

《水浒传》：蔡福得了这个消息，摆拨不下。思量半晌，回到牢中，把上项的事却对兄弟说了一遍。（第六十二回 放冷箭燕青救主 劫法场石秀跳楼）

《三刻拍案惊奇》第二十七回：陈副使摆拨不下，道："青年的文字毕竟合时，但恐怕他轻佻、没坐性；老成的毕竟老于教法，但恐怕笔底违时。"

延庆话：赵老三是行业一霸，他动用所有手段揽下当地几十项工程，但却因为设备和人员不足摆拨不开了，眼看要上冻，可供暖的管道还未安装好，当地百姓骂声一片。

摆 布

释义：1. 安排，布置。2. 操纵（某人）。3. 捉弄，处置。

《水浒传》："我枉自做了个男子汉，到这般去处，却摆布不开。"（第二十五回 王婆计啜西门庆 淫妇药鸩武大郎）

《金瓶梅》第三十四回：他娘子儿便说："你既替韩伙计出力，摆布这起人，如何又揽下这银子，反替他说方便，不惹韩伙计怪？"

《红楼梦》："你是最肯济困扶危的人，难道就眼睁睁的看着人家来摆布死了我们娘儿两个不成？"（第二十五回 魇魔法叔嫂逢五鬼 通灵玉蒙蔽遇双真）

《儿女英雄传》第二十六回：原来姑娘被张金凤一席话，把他久已付之度外的一肚子事由儿给提起魂儿来，一时摆布不开了。

延庆话：别看卫大婶既无职务，也无权力，但却特别喜欢颐指气使摆布人，一看到丈夫回家，她就千方百计给他布置家务作业，让他片刻不得闲。

帮　衬

释义：1. 帮助，帮忙。2. 帮补，资助。多作叠词使用。

《红楼梦》：贾芸道："有件事求舅舅帮衬帮衬。我有一件事，要些冰片麝香使用，好歹舅舅每样赊四两给我，八月里按数送了银子来。"（第二十四回　醉金刚轻财尚义侠　痴女儿遗帕惹相思）

《醒世恒言》第三卷：然虽如此，还有个两字经儿，叫做帮衬。帮者，如鞋之有帮；衬者，如衣之有衬。

延庆话：他们家老人有病身体软衬（虚弱），孩子上大学，够紧衬的了，咱们都是同学，该帮衬就帮衬他们一把。

褒贬（bāo biǎn）

释义：复词偏义，意思落在"贬"字上，意为批评、指责，让人瞧不起。

《西游记》：八戒笑道："你这老公公不高兴，有些儿好褒贬人，你是怎的看我哩？丑便丑，奈看，再停一时就俊了。"（第七十四回　长庚传报魔头恨　行者施为变化能）

《红楼梦》1：凤姐见如此，心中倒十分欢喜，并不偷安推托，恐落人褒贬，因此日夜不暇，筹划得十分的整肃。（第十四回　林如海捐馆扬州城　贾宝玉路谒北静王）

《红楼梦》2：如今这小戏子又是那有名玩戏家的班子，虽是小孩子们，却比大班还强。咱们好歹别落了褒贬，少不得弄个新样儿的。（第五十四回　史太君破陈腐旧套　王熙凤效戏彩斑衣）

延庆话：王姐这人心冷嘴冷，每天不背后褒贬别人几句就浑身难受。

雹子（báo zi）

释义：冰雹的通称。延庆话也称作"冷子"，意思用法一样。

《红楼梦》：乌进孝忙进前了两步，回道："回爷说，今年年成实在不好。从三月下雨起，接接连连直到八月，竟没有一连晴过五日。九月里一场碗大的雹子，方近一千三百里地，连人带房并牲口粮食，打伤了上千上万的，所以才这样。小的并不敢说谎。"（第五十三回　宁国府除夕祭宗祠　荣国府元宵开夜宴）

延庆话：海坨山下张山营镇一带夏天总下雹子，给农业带来极大危害，自从成立了民兵防雹高射炮队之后，雹子造成的灾害明显减少了。

包子有肉不在褶（zhě）上

释义：比喻有钱财能力不在表面上显现。

《济公全传》第六十六回："掌柜的，你别瞧我们穿的破。包子有肉不在褶上，招好主顾，财神爷来了。"

延庆话：包子有肉不在褶上，千万不要狗眼看人低。

保　山

释义：媒人。

《红楼梦》：他说二爷不在家，大太太做得主的，况且还有舅舅做保山。（第一一九回　中乡魁宝玉却尘缘　沐皇恩贾家延世泽）

《金瓶梅》第十七回：妇人笑笑，以手携之，说道："且请起，未审先生鳏居几时？贵庚多少？既要做亲，须得要个保山来说，方成礼数。"

延庆话：旧时代男婚女嫁必须找人牵线搭桥做保山，哪像现在的自由恋爱这么幸福？

抱愧（bào kuì）

释义：心中有愧，负疚。

《儿女英雄传》第二十六回：此时假如妹子说了，姐姐始终执意不从，日后姐姐无的后悔的，妹子也无的抱愧的。

延庆话：你都二十八岁了，还整天和父母发脾气，你还是未成年吗？心里就不抱愧吗？

背旮旯子（bèi gā lá zi）

释义：偏僻、隐蔽的角落。

《儿女英雄传》第三十一回：只听张进宝说道："留俩人这院里招护，咱们分开从东西耳房两路绕到后头去，小心有背旮旯子里窝着的！"

延庆话：延庆创建全国文明城市，不仅大街上干净整洁，就连背旮旯儿子的环境也得到了明显提升。

背工/背公

释义：买卖中间人索取的外快，亦指受托购物时侵吞财物。延庆话也称"窝工"，指因为措施不当浪费了人力、物力和财力。

《金瓶梅》第三十三回：谁知伯爵背地里与何官儿砸杀了，只四百二十两银子，打了三十两背工。

《儒林外史》第四十七回："我要在中间打五十两银子的'背公'，要在你这里除给我。"

延庆话：老国是个不愿操心的人，他把家里盖房子的事交给了建筑队就放心睡大觉了，不想建筑队出工不出力，结果房子支出远大于预算，明显背工了。

被　卧

释义：被褥。

《水浒传》1：只说林冲就床上放了包裹被卧，就坐下生些焰火起来。屋边有一堆柴炭，拿几块来，生在地炉里。仰面看那草屋时，四下里崩坏了，又被朔风吹撼，摇振得动。"（第十回　林教头风雪山神庙　陆虞候火烧草料场）

《水浒传》2：那后槽上了草料，挂起灯笼，铺开被卧，脱了衣裳，上床便睡。（第三十一回　张都监血溅鸳鸯楼　武行者夜走蜈蚣岭）

延庆话：小时候，家里土炕上的被卧垛是兄弟姐妹玩游戏的好地方。

夯雀儿（bèn qiǎor）先飞

释义：夯同"笨"。比喻能力差的人做事时恐怕落后，因此要比别人先行动。

《红楼梦》：咱们家没人，俗语说的"夯雀儿先飞"，省得临时丢三落四的不齐全，令人笑话。（第六十七回　见土仪颦卿思故里　闻秘事凤姐讯家童）

延庆话：咱们没那个好脑筋，学习上就要更加勤奋，夯雀儿先飞。

鼻涕往上流

释义：比喻颠倒反常。

《醒世姻缘传》第三回："没廉耻的淫妇！你顶着我的天，踏着我的地，占着我的汉子，倒赏我东西过节：这不是鼻涕往上流的事么？"

延庆话：老领导，您的礼物我可不能收下，这不是鼻涕往上流吗？我怎么承受得起呀？

编排/编派

释义：背地里捏造、讥讽别人的不是，作为讥诮和笑料，较"诬蔑"的意思略轻。延庆话中"编排"一词在保持《红楼梦》含义的同时，还有上级对下级、长辈对晚辈、强者对弱者进行教导，使之符合规范的意思。

《红楼梦》1：探春"嗳"了一声，笑个不住，说道："宝姐姐，你还不拧他的嘴？你问问他编排你的话。"（第四十二回 蘅芜君兰言解疑癖 潇湘子雅谑补余香）

《红楼梦》2：宝钗便问："那甄宝玉果然像你么？"宝玉道："相貌倒还是一样的，只是言谈间看起来并不知道什么，不过也是个禄蠹。"宝钗道："你又编派人家了。怎么就见得也是个禄蠹呢？"（第一一五回 惑偏私惜春矢素志 证同类宝玉失相知）

延庆话1：张三这个人没口德，总喜欢背地里编排人。

延庆话2：新来的大学生不懂规矩，科长要多编排他，让他们早日步入工作正轨。

便宜（biàn yí）／便益（biàn yì）

释义：方便，容易。

《西游记》：八戒道："远路没轻担，教我驮人，有甚造化？"行者道："你那嘴长，驮着他，转过嘴来，计较私情话儿，却不便益？"（第八十回 姹女育阳求配偶 心猿护主识妖邪）

《红楼梦》：时贾赦之妻邢氏忙亦起身，笑回道："我带了外甥女过去，倒也便宜。"（第三回 贾雨村夤缘复旧职 林黛玉抛父进京都）

延庆话：我家住在永宁古城南门外，进城赶集十分便宜。

宾住了

释义：因为摄于某人的威势而变得小心翼翼放不开。

《红楼梦》：碧月道："我们奶奶不顽，把两个姨娘和琴姑娘也宾住了。"（第七十回　林黛玉重建桃花社　史湘云偶填柳絮词）

延庆话：太姥爷脾气古怪，整天麻哈（阴沉）着脸，把孩子们都宾住了，从来不敢在他面前打闹。

冰湃/冰拔 （bīng bá）

释义：用冰镇或用冷水浸使东西变冷凉，程度上比"湃"更冷更凉。

《金瓶梅》第二十七回：只见春梅拿着酒，秋菊掇着果盒，盒子上一碗冰湃的果子。

《醒世姻缘传》第八十二回　童奶奶道："这天热，旺官儿，你也到前头厅上脱了衣裳，吃碗冰拔白酒，凉快会子，可合你狄大爷同走。"

延庆话：腊月的冻柿子——冰湃扎牙！

病包儿

释义：长期患病或病魔缠身的人。

《红楼梦》："我们起迟了，原该爷生气，左右到底是奴才呀。奶奶跟前尽着身子累的成了个病包儿了，这是何苦来呢!"（第一零一回　大观园月夜感幽魂　散花寺神签惊异兆）

延庆话：这丫头就是林黛玉一样的病包儿，从出生就吃药，到现在也没断。

拨（bō）弄清楚

释义：分析琢磨清楚。

《儿女英雄传》第九回：十三妹道："这又奇了，你们的事是拨弄清楚了，我的话也交代明白了，你们如何还不放我去？"

延庆话：做干部或者当家长，首先必须把主要问题拨弄清楚。

脖儿梗

释义：颈项。

《老残游记》第六回：俺们这里人人都担着三分惊险，大意点儿，站笼就会飞到脖儿梗上来的。

延庆话：你敢骑在我脖儿梗拉屎，那你可千万别后悔！

补衬/铺衬

释义：犹补充，指破碎布头或破旧布片。

《西游记》：妖王笑道："那包袱也无甚么值钱之物，左右是和尚的破裰衫、旧帽子，背进来拆洗做补衬。"（第四十一回　心猿遭火败　木母被魔擒）

《聊斋俚曲集·增补幸云曲》第七回：万岁下马进去，他没见那好姐儿，都是些苍颜白发，有纺棉花的，有纳鞋底的，有补补丁的，拿虱子的，洗铺衬的。

延庆话：小时候日子紧巴，家里的破烂衣服都被母亲裁成补衬，用面糊打袼褙，然后做成鞋帮和鞋垫。

不凑手

释义：不够、不足，手里短缺（钱）。

《醒世姻缘传》第一回：那放债的说道："晁爷新选了官，只怕一时银不凑手。"这家说道："我家有银二百。"这家说道："我家有三百，只管取用。利钱任凭赐下……"

《儒林外史》第五十二回：陈四老爷一时银子不凑手，就托他情愿对扣借一百银子还他。

延庆话：老三平时有些积蓄，没想到今年好事临门，先是拆了老房盖二层小楼，跟着摇到了梦寐以求的小客车指标，这让他感到资金不凑手了。

不错眼珠儿

释义：眼睛盯着目标一动不动，目不转睛的意思。

《儿女英雄传》第四十回：安太太此时乐得只不错眼珠儿地望着他两个。

延庆话：看到未来的婆婆不错眼珠儿地看着自己，小芳不好意思地低下了头。

不待见

释义：不喜欢、很厌烦的意思。

《红楼梦》：平儿在窗外笑道："我浪我的谁叫你动火了？难道图你受用一回，叫他知道了又不待见我。"（第二十一回

贤袭人娇嗔箴宝玉　俏平儿软语救贾琏）

《金瓶梅》第七十八回：他和那韩道国老婆，那长大捽瓜的淫妇，我不知怎的，掐了眼儿不待见他。

延庆话：你不好好工作，还嫌领导不待见你，理都让你占了！

不对眼

释义：彼此有矛盾，看对方不顺眼。

《红楼梦》：柳家的道："我没叫他往前去：姑娘们也不认得他，倘有不对眼的人看见了，又是一番口舌。"（第六十回　茉莉粉替去蔷薇硝　玫瑰露引来茯苓霜）

延庆话：不知领导怎么想的，明知两位美女不对眼，却故意将她们安排在一个处室。

不忿（fèn）

释义：不服气；不平。延庆话读作"不忿儿"，意思用法一样。

《红楼梦》1：便是那些小丫头子们，亦多喜与宝钗去顽。因此黛玉心中便有些悒郁不忿之意，宝钗却浑然不觉。（第五回　游幻境指迷十二钗　饮仙醪曲演红楼梦）

《红楼梦》2：金荣越发得了意，摇头咂嘴的，口内还说许多闲话，玉爱偏又听了不忿，两个人隔座咕咕唧唧的角起口来。（第九回　恋风流情友入家塾　起嫌疑顽童闹学堂）

延庆话：看到昔日同事老王当了局长，老李表面不说，可心里一百个不忿儿。

不　好

释义：指身体或心里不舒服。

《红楼梦》1：凤姐儿道："宝兄弟，太太叫你快过去呢。你别在这里只管这么着，倒招的媳妇也心里不好。太太那里又惦着你。"（第十一回　庆寿辰宁府排家宴　见熙凤贾瑞起淫心）

《红楼梦》2：邢夫人等因说道："你身上不好，又连日事多，该歇歇才是，又进来做什么。"（第十三回　秦可卿死封龙禁尉　王熙凤协理宁国府）

《红楼梦》3：凤姐因那一夜不好，恹恹的总没精神，正是惦记铁槛寺的事情。听说外头贴了匿名揭帖的一句话，吓了一跳，忙问贴的是什么。（第九十三回　甄家仆投靠贾家门　水月庵掀翻风月案）

延庆话：可能前些天家里的灾难对我打击太大了，这几天总感觉身体和心里好齁（hōu）不好，总想躺着休息，可又睡不着。

不　济

释义：1. 不顶用，无法依靠。2. 不如，不及。3. 经济不景气，手头缺钱。延庆话中"不济"的意思用法和前面解释相似，并且喜欢"赖不济"这个词，意为最差的结果。

《水浒传》：离庙未远，只听得前面远远地喊声连天。宋江寻思道："又不济了。立住了脚，且未可出去。我若到他面前，定吃他拿了。不如且在这里路旁树背后躲一躲。"（第四

十一回　还道村受三卷天书　宋公明遇九天玄女）

《西游记》：行者闻得这话，越加嗔怒，就叫喊如雷道："你忒不济！不济！又要马骑，又不放我去，似这般看着行李，坐到老罢！"（第十五回　蛇盘山诸神暗佑　鹰愁涧意马收缰）

《红楼梦》1：贾母道："林丫头那孩子倒罢了，只是心重些，所以身子就不大很结实了。要赌灵性儿，也和宝丫头不差什么，要赌宽厚待人里头，却不济他宝姐姐有耽待，有尽让了。"（第八十四回　试文字宝玉始提亲　探惊风贾环重结怨）

《红楼梦》2：但是手头不济，诸事拮据，又想起凤姐素日来的好处，更加悲哭不已，又见巧姐哭的死去活来，越发伤心。（第一一四回　王熙凤历幻返金陵　甄应嘉蒙恩还玉阙）

延庆话：老高年轻时犯过作风错误，所以他经常感叹，若不是一时头脑发热为情所困，现在赖不济也当上县长了。

不禁不由

释义：不由自主。

《儿女英雄传》第十八回：岂知人欲日长，天理日消，他不禁不由的自己就掇弄起自己来了。

延庆话：每当临年傍节的时候，我就不禁不由想起了过世的父母。

不　拘

释义：不论，不管，不限制。

《水浒传》：宋江道："军师言之极当。今日小可权当此位，待日后报仇雪恨已了，拿住史文恭的，不拘何人，须当此位。"（第六十回　公孙胜芒砀山降魔　晁天王曾头市中箭）

《西游记》：就传招贤文榜，颁布天下：各府州县，不拘军民人等，但有读书儒流，文义明畅，三场精通者，前赴长安应试。（第九回　陈光蕊赴任逢灾　江流僧复仇报本）

《红楼梦》：太监又道："贵妃有谕说'龄官极好，再作两出戏，不拘那两出就是了'。"（第十七至十八回　大观园试才题对额　荣国府归省庆元宵）

延庆话：今天是个大喜的日子，酒量不拘，饭量不拘，大家一定要吃好喝好。

不卯 (bù mǎo)

释义：不和睦。卯是木工安榫头的眼。不卯，与孔眼不合，意为不和睦，有矛盾。

《红楼梦》：你两个不卯，又拿我来作人。（第二十一回　贤袭人娇嗔箴宝玉　俏平儿软语救贾琏）

延庆话：张三、李四虽在一个科室，可是两个人素来不卯。

不　顺

释义：不称心。

《李亚仙花酒曲江池》二折：俺娘钱亲钞紧：女心里憎恶娘亲近；娘爱的女不顺。娘爱的郎君个个村，女爱的却无银。

延庆话：延庆麻将桌顺口溜说："牌不顺，打二棍。"

不言语

释义：不说话、不吱声、不回答的意思。

《西游记》：八戒笑道："你若不言语，我就去了。"行者道："我不言语，看你怎么得去。"（第八十五回　心猿妒木母　魔主计吞禅）

《红楼梦》：众人听了，一齐都笑起来。林黛玉红了脸，一声儿不言语，便回过头去了。（第二十五回　魇魔法叔嫂逢五鬼　红楼梦通灵遇双真）

延庆话：你爱言语不言语，反正我和你说了，赶明儿别和我装糊涂。

不着调

释义：原意为不合乐调，引申为不正派，不正经，没规矩，让人反感生厌。

《窦娥冤》二折：说一会那丈夫打风的机关，使了些不着调虚嚣的见识。

延庆话：这孩崽子确实不着调，什么规矩都懂，什么规矩都破，真让人头疼。

不着个家/不着家

释义：指经常不在家，或者经常不回家。

《金瓶梅》第十三回：吴月娘听了，与他打个问讯，说道："我的哥哥，你自顾了你罢，又泥佛劝土佛！你也成日不着个家，在外养女调妇，反劝人家汉子！"

《醒世恒言》第一十四卷：范二郎闲时不着家，从下了定，便不出门，与哥哥照管店里。

延庆话：说起自己的丈夫，吴老师贬中带褒："人家是县长，工作日理万机，不着个家也很正常。"

不作兴

释义：不可以，不允许；不喜欢、不赏识。

《老残游记》第七回：只因为大盗相传有这个规矩，不作兴害镖局的。

《西湖二集·韩晋公人夋两赠》：这一种生意，谁人来买，眼看得别人不作兴你了。你自负才华，却去吓谁？

延庆话：我作兴你你就是香蘑菇，不作兴你你就是狗尿苔！

C

藏猫儿 (cáng māor)

释义：儿童互相躲藏寻找的游戏，捉迷藏。

《儿女英雄传》第六回：他把着往里一望，原来安公子还方寸不离坐在那个地方，两个大拇指堵住了耳门，那八个指头捂着眼睛，在那里藏猫儿呢！

延庆话：外甥女颖颖小时候特别喜欢和我玩藏猫儿，有一次她找不到我，急得她先喊"大姨夫"，仍不见人，就直呼我的名字"东亮，东亮"，惹得岳父岳母哈哈大笑。

原来安公子在那里藏猫儿呢？

糙（cāo）人

释义：指某人做事马马虎虎，不细致。

《儿女英雄传》第三十九回：邓九公拍手道："老弟，你瞧愚兄是个糙人，也不懂得如今那些拜老师收门生的规矩，率真了说罢，剪直的我就叫这俩孩子认你作个干老儿，他俩就算你的干儿子，你将来多疼顾他们点儿。"

延庆话：老胡自称糙人，但实际上他比猴还精。

草 鸡

释义：懦弱害怕，过度疲劳。

《三续金瓶梅》第二十五回：官人说："你们以多为胜，算我输了吧。"四人那里肯依？千方百计，到底把人闹草鸡了才云收雾散。

延庆话：干什么事都不要太过分，一回耱草鸡了。

草 科

释义：草丛中。延庆话写作"草窠"，意思用法一样。

《西游记》1：却又走得瞌睡上来，思道："我若就回去，对老和尚说没处化斋，他也不信我走了这许多路。须是再多幌个时辰，才好去回话。也罢，也罢，且往这草科里睡睡。"（第二十八回 花果山群妖聚义 黑松林三藏逢魔）

《西游记》2：诸般还可，只有一般蟒蛇，但修得年远日深，成了精魅，善能知人小名儿。他若在草科里，或山凹中，

我若就回去，对老和尚说没处化斋，他也不信，且往这草科里睡一睡。

叫人一声，人不答应还可；若答应一声，他就把人元神绰去，当夜跟来，断然伤人性命。（第四十回　婴儿戏化禅心乱　猿马刀归木母空）

延庆话：夏天到草窠里抓蚂蚱喂小鸡，是我童年的有趣记忆。

蹭

释义：1. 内心胆怯犹豫，行动拖沓迟缓。2. 摩擦、蹭挂的意思。延庆话和《红楼梦》的读音用法相同，并且衍生出"蹭棱子"这个词语，意为"在棱子上蹭痒痒，躲清闲拖延时间"。

《红楼梦》1：来至荣府大门石狮子前，只见簇簇轿马。刘姥姥便不敢过去，且掸了掸衣服，又教了板儿几句话，然后蹭到角门前。（第六回　贾宝玉初试云雨情　刘姥姥一进荣国府）

《红楼梦》2：这个说"我不同你在一处"，那个说"你压了我们奶奶的包袱"，那边车上又说"蹭了我的花儿"，这边又说"碰折了我的扇子"，咭咭呱呱说笑不绝。（第二十九回 享福人福深还祷福 痴情女情重愈斟情）

延庆话1：赶紧写作业吧，再蹭就到天黑了。

延庆话2：我们在太阳底下执勤，你在冷饮店蹭棱子，脸皮真比城墙还厚。

茶钟/茶盅

释义：茶杯的意思。

《红楼梦》：这媳妇道："我来问那一个茶钟往那里去了，你们倒问我要姑娘。"（第七十六回 凸碧堂品笛感凄清 凹晶馆联诗悲寂寞）

延庆话：心爱的紫砂茶钟让孙子碰坏了，急得老爷子好几天黑着脸不说话。

差一个儿的

释义：人的能力或者关系低于一个层次。延庆话将这个词语衍化成"差个儿档的"，意思用法相同。

《红楼梦》：贾芸笑道："侄儿不怕雷打了，就敢在长辈前撒谎。昨儿晚上还提起婶婶来，说婶婶身子生得单弱事情又多，亏婶婶好大精神，竟料理的周周全全；要是差一个儿的，早累的不知怎么样呢。"（第二十四回 醉金刚轻财尚义侠 痴女儿遗帕惹相思）

延庆话：你是我儿子，要是差个儿档的，我才不这么没完没了地管你呢!

馋痨 (chán láo)

释义：形容馋嘴或者贪色的人好像得了病一样。

《西游记》：清风骂道："我把你这个害馋痨、偷嘴的秃贼！你偷吃了我的仙果，已该一个擅食田园瓜果之罪，却又把我的仙树推倒，坏了我五庄观里仙根，你还要说嘴哩！……"（第二十五回　镇元仙赶捉取经僧　孙行者大闹五庄观）

《红楼梦》：薛蟠低头微笑不语，宝蟾红了脸出去。一时安歇之时，金桂便故意的撵薛蟠别处去睡，"省得你馋痨饿眼。"（第八十回　美香菱屈受贪夫棒　王道士胡诌妒妇方）

《儒林外史》第六回：那掌舵驾长害馋痨，左手扶着舵，右手拈来，一片片地送在嘴里了。严贡生只作不看见。

延庆话：这小子简直是馋痨饿鬼转世，吃什么也香，从不知道饥饱。

颤多梭 (chàn duō suō)

释义：发抖。

《醒世姻缘传》第八十六回：素姐气的脸上没有血色，倒像那《西游》小说上画的那个骷髅相见儿一般，颤多梭的问道："狄周是多昝另娶的媳妇呀？"

延庆话：没想到，一向身体强壮的老朱，一场大病之后，走路竟然颤多梭起来。

颤儿哆嗦（chàn ér duō suo）

释义：颤抖得很厉害的样子。延庆话也作"颤儿搭澈"，意思用法相同。

《儿女英雄传》第三十一回：捋了捋袖子，上前就去割那绳子，颤儿哆嗦的鼓捣了半日，边锯带挑，才得割开。

延庆话：妹夫好喝酒，最诡异的是，一不喝酒他就颤儿哆嗦的像个病人。

长　虫

释义：蛇，常见于口语。

《儿女英雄传》第三十八回：程相公见问，翻着眼睛想了半日，说："正是，他手里只拿了一条满长的大蛇，倒不晓得他怎的叫作顺天王。"刘住儿说："那不是长虫，人家都说那是个花老虎。"

延庆话：你长的是长虫眼吗，怎么看东西不拐弯呢？

常法儿/常法子

释义：长久的稳妥的办法。

《红楼梦》1：二姐在枕边衾内，也常劝贾琏说："你和珍大哥商议商议，拣个熟的人，把三丫头聘了罢。留着他不是常法子，终久要生出事来，怎么处？"（第六十五回　贾二舍偷娶尤二姨　尤三姐思嫁柳二郎）

《红楼梦》2：只好我替你们打算罢了。就是家中如此乱

糟糟的，也不是常法儿。（第一零七回　散余资贾母明大义
复世职政老沐天恩）

延庆话：这孩子天天靠父母看着才学习，这样下去也不
是个常法儿呀！

肠子爬出来的

释义：生孩子的借代说法。延庆话常将这个俗语衍化成
"一个娘肠子爬出来的"，意思是一奶同胞的兄弟姐妹。

《红楼梦》：只这一句话，便戳了他娘的肺，便喊说："我
肠子爬出来的，我再怕不成！这屋里越发有的说了。"（第六
十回　茉莉粉替去蔷薇硝　玫瑰露引来茯苓霜）

延庆话：你们哥俩是一个娘肠子爬出来的，有什么话说
不开呢？

敞亮（chǎng liàng）

释义：延庆话中这个词的意思发生了变化，不仅指建筑
物和物体宽敞而明亮，也用来指人的胸怀宽广。

《红楼梦》：凤姐道："藕香榭已经摆下了，那山坡下两棵
桂花开的又好，河里的水又碧清，坐在河当中亭子上岂不敞
亮，看着水眼也清亮。"（第三十八回　林潇湘魁夺菊花诗
薛蘅芜讽和螃蟹咏）

延庆话：吕大娘这个人真够敞亮的，丈夫死了之后，家
里上有老下有小全靠她一个人操持，可她从不喊苦叫累。

车船店脚牙

释义：车船店脚牙，是指封建时代让人讨厌乃至痛恨的一些行业职位。全句应为"车船店脚牙，无罪也该杀"。（车：车夫，有些干一些黑道的勾当。船：船夫，一些船夫在河中央做出绑架勒索，乃至谋财害命之事。店：是指店小二，属于见风使舵之人。脚：脚夫，帮人搬运东西的人，旧时代脚夫大都是拉帮结派的，经常会讹诈雇佣的人，甚至是侵吞他人的财货。牙：牙行，也叫牙纪，牙人，类似于经纪人、中介人，这些牙人经常卖高买低，在中间私吞利益。）

《儿女英雄传》第三回：世上最难缠的无过"车船店脚牙"。这两个骡夫再不说他闲下一头骡子，他还是不住的左支脚钱，右讨酒钱，把个老头子怄的，嚷一阵，闹一阵，一路不曾有一天的清净。

延庆话：妻姥爷年轻时在外面跑过江湖，说起陈年旧事，他挂在嘴边最多的一句话就是：车船店脚牙，无罪也该杀。

车豁子（chē huō zi）

释义：农村驾驭马车的人。延庆话也戏称汽车司机为车豁子。

《儿女英雄传》第三十二回：我问他："既唱戏，怎的又合那三个小车豁子儿坐的到一处呢？"

延庆话：老王是著名的"京郊名记"，但他却谦称自己就是个车豁子。

车轴脖子

释义：比喻脖子黑如车轴。

《蒲松龄集·增补幸云曲》第二回：车轴脖子油光脸，门楼头来鼻子糟，心里倒比那齐整的俏。

延庆话：小时候农村还没有自来水，一些男孩子的车轴脖子经常被人取笑。

扯你娘的臊（sào）

释义：指废话、多余的话、不该说的话，多为长辈训斥晚辈。

《红楼梦》：凤姐笑道："别扯你娘的臊了，那里就死了呢！哭的那么痛！我不死还叫你哭死了呢。"（第一零一回 大观园月夜感幽魂 散花寺神签惊异兆）

延庆话：别扯你娘的臊了，你那点鸡零狗碎谁不清楚，还是说实话吧！

扯臊（chě sào）

释义：指废话、多余的话、不该说的话，多用于平辈之间。

《红楼梦》：湘云笑道："扯臊，老太太还等你告诉。你打量这些人为什么来？是老太太请的！"（第一零八回 强欢笑蘅芜庆生辰 死缠绵潇湘闻鬼哭）

延庆话：老王见老李横插一杠子，心中更气了，不由得大声喊了一句："扯臊！这件事和你有半毛钱关系吗？"

嗔（chēn）

释义：对人不满，怪罪。

《水浒传》：婆惜道："闲常也只嗔老娘和张三有事！他有些不如你处，也不该一刀的罪犯！不强似你和打劫贼通同！"（第二十一回　虔婆醉打唐牛儿　宋江怒杀阎婆惜）

《金瓶梅》第八十八回：小玉道："奶奶还嗔我骂他，你看这贼秃，临去还看了我一眼才去了。"

延庆话：你自己不争气，还嗔别人看不起你？

嗔着（chēn zhe）

释义：生气、责怪、埋怨的意思。延庆话常用"嗔着"这个词语，有时读作"嗔得"，意思相同。

《红楼梦》1：因此刘姥姥看不过，乃劝道："姑爷，你别嗔着我多嘴。"（第六回　贾宝玉初试云雨情　刘姥姥一进荣国府）

《红楼梦》2：（凤姐）这才忙欲起身，犹未起身时，满面春风的问好，又嗔着周瑞家的怎么不早说。（第六回　贾宝玉初试云雨情　刘姥姥一进荣国府）

延庆话1：你别嗔着老师总批评你，你也好好想想自己做得怎么样。

延庆话2：沙蓬蒿可地下滚，嗔得老子不买粉；买了粉，你不搽，嗔得老子不买麻；买了麻，你不搓，嗔得老子不买锅……（延庆民谣）

沉　心

释义：多心的意思。

《红楼梦》：但你固然怕我沉心，所以拦袭人的话，难道我就不知我的哥哥素日恣心纵欲，毫无防范的那种心性。（第三十四回　情中情因情感妹妹　错里错以错劝哥哥）

延庆话：他孩子学习差，你还炫耀自己的孩子学习好，也不怕他沉心。

碜（chěn）

释义：同"磣"。丑，难看，招人讨厌；做鬼脸引人发笑，有玩笑戏谑的成分。

《金瓶梅》第二十一回1：大雪里着恼来家，进仪门，看见上房烧夜香，想必听见些甚么话儿，两个才到一搭哩。碜死了。象他这等就没的话说。若是别人，又不知怎的说浪！

《金瓶梅》第五十四回2：金莲道："碜说嘴的，你且禁声。墙有风，壁有耳，这里说话不当稳便。"

延庆话1：方老师是我接触的女老师中最厉害的一位，她批评男生时，总是在名字之后加上三个字——碜东西。但学生们习以为常，觉得方老师并无恶意。

延庆话2：宝贝，碜儿（做鬼脸）一个，妈妈给你好东西吃。

趁　钱

释义：1. 钱很多。2. 赚钱，挣钱。延庆话中"趁钱"意思侧重在拥有很多钱这个方面。

《水浒传》：为是他有一座酒肉店，在城东快活林内，甚是趁钱。（第三十一回　张都监血溅鸳鸯楼　武行者夜走蜈蚣岭）

《醒世恒言》第二十卷：潘忠对廷秀道："众人在此做生意，各要趁钱回去养家的，谁个肯白白养你！"

延庆话：老王住着别墅，开着豪车，在美国还购买了房产，你说他趁钱不？

痴老婆等汉

释义：比喻妻子专心一意地等候丈夫。延庆话也作"傻老婆等汉子"，意思用法一样。

《越谚》上卷：痴老婆等汉，从望夫石脱胎来。

延庆话：都等这么多天了，肯定被这家伙骗了！千万别再"傻老婆等汉子"了，赶快报警吧！

嗤眉瞪眼

释义：形容恶眉瞪眼凶狠的样子。

《蒲松龄集·磨难曲》第十九回：老匹夫！老匹夫！嗤眉瞪眼来欺负。该卸下下半截，也解解这心头怒！

延庆话：一看到不顺心的事，她就立刻嗤眉瞪眼，一副凶神恶煞的样子。

冲了/冲的

释义：迷信认为言行不妥或者身份不妥给别人带来了灾祸。

《红楼梦》1：妙玉笑往里让，贾母道："我们才都吃了酒肉，你这里头有菩萨，冲了罪过。我们这里坐坐，把你的好茶拿来，我们吃一杯就去了。"（第四十一回　栊翠庵茶品梅花雪　怡红院劫遇母蝗虫）

《红楼梦》2：我这会子又不好了，都是你冲了！你还要告他去。藕官，只管去，见了他们，你就照依我这话说。等老太太回来，我就说他故意来冲神祇，保祐我早死。（第五十八回　杏子阴假凤泣虚凰　茜纱窗真情揆痴理）

《红楼梦》3："我因多病了，你却无病，也不见怀胎。如今二奶奶这样，皆因咱们无福，或犯了什么，冲的他这样。"因又叫人出去算命打卦。偏算命的回来，又说系属兔的阴人冲犯。大家算将起来，只有秋桐一人属兔，说他冲的。（第六十九回　弄小巧用借剑杀人　觉大限吞生金自逝）

延庆话：老胡是有名的潮货（脾气暴躁不明事理），听说亲戚孩子做满月因为犯他属相而没有邀请他，他便在大街上信口开河："这喜酒我没喝上，这孩子要是死了可别说是我冲的。"

冲一冲/冲冲

释义：迷信思想以为用某一种行动可以"冲破灾祸"，如用制造丧事用物和结婚等来"破除病患"。

《红楼梦》：凤姐儿低了半日头说道："这实在无法了！你也该将一应的后事用的东西给他料理料理，冲一冲也好。"（第十一回　庆寿辰宁府排家宴　见熙凤贾瑞起淫心）

《金瓶梅》第六十二回：西门庆道："昨日就抬了板来，在前边做哩。——且冲冲你，你若好了，情愿舍与人罢。"

延庆话：这孩子都三十多了，还是因为前些年的失恋而精神恍惚，要不给他说个对象结婚冲一冲，也许他的病就好了。

出　灵

释义：出灵是指逝者出殡，亲友送葬的那天。

《红楼梦》：贾琏嫌后门出灵不像，便对着梨香院的正墙上通街现开了一个大门。（第六十九回　弄小巧用借剑杀人　觉大限吞生金自逝）

延庆话：老爷子早起刚出灵，晌午你们就要分家产，你们就认钱不认情吗？

出门子

释义：女孩子出嫁。

《红楼梦》1：王夫人听了，又好笑，又好恼，说道："你又发了呆气了，混说的是什么！大凡做了女孩儿，终久是要出门子的，嫁到人家去，娘家那里顾得，也只好看他自己的命运，碰得好就好，碰得不好也就没法儿。"（第八十一回　占旺相四美钓游鱼　奉严词两番入家塾）

《红楼梦》2：如今宝姐姐家去了，连香菱也不能过来，二姐姐又出了门子了，几个知心知意的人都不在一处，弄得这样光景。（第八十一回　占旺相四美钓游鱼　奉严词两番入家塾）

延庆话：大嫂经常说：三丫头出门子这么多年，还是老想回来当萝卜家（女孩出嫁后仍把持娘家事务），真不知自己吃几碗干饭汤（延庆特色小吃）。

处窝 (chǔ wō)

释义：指青少年内向，不爱出家门接触外界，怕生人或不愿去做与生人有关的事。延庆话俗称"处窝子"，意思用法一样。

《金瓶梅》第二十三回：月娘道："他是怎不是材料，处窝行货子！都不消理他了。又请他怎的？"

延庆话：老周虽然在外面当了一辈子老师，没想到退休后变成了处窝子，天天坐在炕上看书睡觉，没几年竟然溘然长逝了。

搋 (chuāi)

释义：1. 用力揉物，如：搋面。2. 藏物于怀。

《警世通言》第三十七卷1：只见陶铁僧栾了四五十钱，鹰觑鹘望，看布帘里面，约莫没人见，把那见钱怀中便搋。

《警世通言》第三十七卷2：合哥挑着两个土袋，搋着二三百钱，来焦吉庄里，问焦吉上行些个"山亭儿"，拣几个物事。

延庆话1：把面使劲儿摀一摀，炸出的糕更劲道。

延庆话2："怀里摀副牌，逮谁跟谁来。"这是一些麻将爱好者的来派。

串　哄

释义：成群结伙地胡闹。延庆话也有相互间经常走往的意思。

《二刻拍案惊奇》卷二十四：终日只是三街两市，和酒肉朋友串哄，非赌即嫖，整个月不回来。

延庆话：我很讨厌没事时一帮人无主题乱串哄，宁可一个人躲在家里看书。

窗户眼儿

释义：过去房屋多用木质方格窗户，用白纸糊着，窗户眼既可以指这些方格，也可以指安在窗户上的方块小玻璃。

《红楼梦》：凤姐才说道："刚才我到宝兄弟屋里，我听见好几个人笑。我只道是谁，巴着窗户眼儿一瞧，原来宝妹妹坐在炕沿上，宝兄弟站在地下。宝兄弟拉着宝妹妹的袖子，口口声声只叫：'宝姐姐，你为什么不会说话了？你这么说一句话，我的病包管全好。'"（第九十九回　守官箴恶奴同破例　阅邸报老舅自担惊）

《金瓶梅》第七十五回：应二爹见娘们去，先头不敢出来见，躲在下边房里，打窗户眼儿望前瞧。

延庆话：老婆的事迹上了中央台的《新闻联播》，这下子可是窗户眼儿吹喇叭——名声在外了，亲朋好友纷纷来电话表示祝贺。

雌答（cí da）

释义：训斥，斥责。

《醒世姻缘传》》第四十四回：谁家一个没折至的新媳妇就开口骂人，雌答女婿。

《醒世姻缘传》第七十四回：狄大爷说："黑了，你家去罢。你当不的人呀！"雌答了一顿，不僦不睬的来了。

延庆话：这个恶媳妇，对善良的婆婆不是墩答，就是雌答，简直可恶至极。

雌牙（cí yá）

释义："雌"通"龇"。1. 张嘴露牙。形容痛苦的样子。2. 形容嬉笑耍闹的样子。延庆话中"雌牙"还有能力低，勉力去干的意思。

《金瓶梅》第三十四回1：李瓶儿道："又打他怎的？打的那雌牙露嘴。甚么模样！"西门庆道："衙门是这等衙门，我管他雌牙不雌牙。还有比他娇贵的。"

《金瓶梅》第四十六回2：那琴童看着待笑半日不言语。玉箫道："怪雌牙的，谁与你雌牙？问着不言语。"

延庆话1：没想到一个嘴啃泥栽倒碎石头堆上，疼得她雌牙咧嘴。

延庆话2：老虎雌牙——假和气。（延庆歇后语）

延庆话3：儿子结婚又要车又要房，这让老王有些雌牙。

雌着 （cí zhe）

释义：躲滑，发呆。

《金瓶梅》第十一回：春梅道："你问他。我去时还在厨房里雌着，等他慢条厮礼儿才和面儿。"

延庆话：这孩子好像犯了单相思，整天在屋里雌着。

刺挠/刺恼/刺闹 （cì nao）

释义：皮肤发痒难受，也比喻心里难受。

《西游记》："那怪睡不得，又翻过身来道：刺闹杀我了!"（第五十二回　悟空大闹金兜洞　如来暗示主人公）

《醒世姻缘传》第九回："拿这件事来压住他，休了他，好离门离户，省得珍哥刺恼。"

《醒世姻缘传》第四十九回：俺婆婆央他，教他续上我罢，他刺挠的不知怎么样!

延庆话：赵镇长不知是什么过敏，一到夏天，浑身刺闹，奇痒无比。

凑　手

释义：使用起来方便、顺手（常指手边的钱、物、人等）。

《红楼梦》：凤姐听了，呆了一会，要将银两不凑手的话说出，但是银钱是外头管的，王夫人说的是照应不到。凤姐也不敢辩，只好不言语。（第一一零回　史太君寿终归地府

王凤姐力诎失人心）

延庆话：我想去北京城区买套楼，可资金总是不凑手，只好作罢。

促掐（cù qiā）/促恰（cù qia）

释义：爱捉弄人，刁钻刻薄。

《水浒传》：黄文烨听得说时，只在背后骂说道："又做这等短命促掐的事。于你无干，何故定要害他？倘或有天理之时，报应只在目前，却不是反招其祸。"（第四十回　宋江智取无为军　张顺活捉黄文炳）

《西游记》：八戒道："师父，莫怪我说。若论赌变化，使促掐，捉弄人，我们三五个也不如师兄；若论老实，象师兄就摆一队伍，也不如我。"（第七十四回　长庚传报魔头恨行者施为变化能）

《金瓶梅》第二十七回：我晓的你恼我，为李瓶儿故意使这促恰来奈何我，今日经着你手段，再不敢惹你了。

《何典》第五回："若论他搅尸灵本事，真个刁钻促掐千伶百俐。"

延庆话：这哥们小时候特别促掐，一次他往班里的饮用水壶偷偷撒了一泡尿，被发现后背了一个警告处分。

撺鼓儿

释义：从旁帮腔。

《水浒传》：西门庆道："娘子差矣……似娘子的大郎所为良善时，万丈水无涓滴漏。"王婆打着撺鼓儿着："说的是。"

（第二十四回　王婆贪贿说风情　郓哥不忿闹茶肆）

《金瓶梅》第三回：王婆一面打着揰鼓儿说："这位官人，便是本县里一个财主。"

延庆话：在"托儿"们的揰鼓儿下，很多老人购买了价格昂贵效果一般的保健药品和器械。

撮（cuō）合山

释义：媒人。

《水浒传》1：宋江初时不肯；怎当这婆子撮合山的嘴，揰掇宋江依允了，就在县西巷内讨了一楼房，置办些家伙什物，安顿了阎婆惜娘儿两个在那里居住。（第二十回　虔婆醉打唐牛儿　宋江怒杀阎婆惜）

《水浒传》2：西门庆道："干娘，你既是撮合山，也与我做头媒，说头好亲事，我自重重谢你。"（第二十四回　王婆贪贿说风情　郓哥不忿闹茶肆）

延庆话：老邹常说："撮合山虽然积德，但也不都是什么好活儿，人家两口子过好了早把你忘了，闹离婚肯定埋怨你。"

撮（cuō）弄

释义：1. 戏弄，捉弄。2. 教唆，煽动。

《西游记》：长老骂道："你这个泼猴！兄弟们全无爱怜之意，常怀嫉妒之心。你做出这样獐智，巧言令色，撮弄他去甚么巡山，却又在这里笑他！"（第三十二回　平顶山功曹传信　莲花洞木母逢灾）

《红楼梦》1：如今鸳鸯是不当这差的了，今日鸳鸯偏接过麈尾来拂着。丫鬟们知道他要撮弄刘姥姥，便躲开让他。（第四十回 史太君两宴大观园 金鸳鸯三宣牙牌令）

《红楼梦》2：待要不出个主意，我又是个心慈面软的人，凭人撮弄我，我还是一片痴心。（第六十八回 苦尤娘赚入大观园 酸凤姐大闹宁国府）

延庆话：你不就是想拴套撮弄我吗，告诉你，找错人了！

矬（cuó）

释义：1. 身材矮。2. 心里发虚，感觉低人一头。

《水浒传》：宋江矮矬，人背后看不见。那相陪的体己人，却认的社火队里，便教分开众人，让宋江看。（第三十二回 宋江夜看小鳌山 花荣大闹清风寨）

这宋江竟如此的矬。

《西游记》1：那魔王伸手架住道："你这般矬矮，我这般高长，你要使拳，我要使刀，使刀就杀了你，也吃人笑，待我放下刀，与你使路拳看。"（第二回　悟彻菩提真妙理　断魔归本合元神）

《西游记》2：那国王大惊道："收了神通罢，晓得是这般变化了。"八戒把身一矬，依然现了本相，侍立阶前。（第二十九回　脱难江流来国土　承恩八戒转山林）

《三刻拍案惊奇》第二回：这片话，他母亲女流，先是矬了。

延庆话：娘常告诫我们，一个人身子矬没大事，心要是矬了可就没什么指望了。

矬着个攦子

释义：矮个子。延庆话俗称"矬攦子"，意思用法一样。

《醒世姻缘传》第八十四回：我相那人不是个良才。矬着个攦子，两贼眼斩呀斩的。

延庆话1：家里有个矬攦子，踮脚够不着碗架子。（延庆童谣）

延庆话2：过去由于生活条件差，劳动强度大，农村有少数"矬攦子"，如今这些都成了历史的记忆。

D

搭搭头/搭上头/搭着头

释义：妇女用围巾等裹头。

《金瓶梅》第二十四回 1：宋蕙莲道："姑夫，你好歹略等等儿。娘们携带我走走，我到屋里搭搭头就来。"

《金瓶梅》第五十八回 2：正说着，只闻一阵香风过，觉有笑声，四个粉头都用汗巾儿搭着头出来。

《金瓶梅》第五十八回 3：伯爵看见道："我的儿，谁养的你恁乖！搭上头儿，心里要去的情，好自在性儿。"

延庆话：闺女，大冬天的，出门搭上头，别让风吹着了。

搭撒（dā sa）/搭拉（dā la）

释义：低垂的样子，耷拉。

《儿女英雄传》第十七回 1：姑娘忙拦道："先生，素昧平生，寒门不敢当此大礼。"说完了，搭撒着两个眼皮儿，那小脸儿绷的比贴紧了的笛膜儿绷的还紧。

《儿女英雄传》第十九回 2："要是从旁人嘴里说出来，管保你又是把那小眼皮儿一搭拉，小腮帮子儿一鼓，再别想你言语了。"

延庆话：她要是不高兴，立刻将脸搭拉下来，就像带霜的冬瓜一样。

打　帮

释义：1. 结伴。2. 多亏。3. 帮助。延庆话一般读作"搭帮儿（dā bāngr）"，意义用法相同。

《红楼梦》：原来邢夫人之兄嫂带了女儿岫烟进京来投邢夫人的，可巧凤姐之兄王仁也正进京，两亲家一处打帮来了。（第四十九回　琉璃世界白雪红梅　脂粉香娃割腥啖膻）

延庆话1：天气冷了，你也去海南，他也去海南，正好搭帮儿一起去吧。

延庆话2：幸亏老霍平时人缘好，有人搭帮说好话，领导这才解除了因为诬告信对他的怀疑。

打成一锅粥

释义：比喻打成一团，场面十分混乱。

《金瓶梅》第四十六回：潘金莲道："像人家汉子在院里嫖院来，家里老婆没曾往那里寻去？寻出没曾打成一锅粥？"

延庆话：有些村子的地痞为了竞争村干部，张榜那天两派人往往打成一锅粥。

打倒褪

释义：退缩，往后退。褪，同"退"。

《醒世姻缘传》第八十回：狄希陈听见这话，就打倒褪。

延庆话：我们本来说好第二天上午找县长反映老师被打

的情况，结果集合时已经有一半人开始打倒褪了。

打滴溜

释义：谓人或物因悬空挂起而晃动。

《醒世姻缘传》第九回："我开了门，一像个媳妇子扳着咱那门桄打滴溜哩！"

延庆话：上小学时在转伞上忽上忽下打滴溜，是我体育课最愉快的记忆。

打谅/打量（dǎ liàng）

释义：以为，估计；看着。

《红楼梦》1：紫鹃打谅他冷，因说道："姑娘躺下多盖一件罢。那炭气只怕耽不住。"（第九十七回　林黛玉焚稿断痴情　薛宝钗出闺成大礼）

《红楼梦》2：贾琏道："你打谅那个王仁吗？是忘了仁义礼智信的那个'忘仁'哪！"（第一零一回　大观园月夜感幽魂　散花寺神签惊异兆）

延庆话：俗话说蔫人出豹子，你打谅他是老好子就欺负他，小心他急了和你玩命！

打闷棍

释义：趁人不备，用棍打昏，掠夺财物。也比喻攻击别人且使人无法申辩。

《红楼梦》：因此在外躲了几日，回来告诉凤姐，只说张华是有了几两银子在身上，逃去第三日在京口地界，五更天已被截路人打闷棍打死了。（第六十九回　弄小巧用借剑杀人 觉大限吞生金自逝）

《三侠五义》第七十四回："爷爷救命呵！后面有个打闷棍的，抢了小人的包袱去了。"

延庆话：做人不可太霸道，别人表面上让你，说不定暗地里给你打闷棍。

打平伙/打平火/打平和儿/打平和

释义：大家把吃的贡献出来一同享用或者均摊钱一起消费，等同于现在的 AA 制，后指一起做某件事或平分东西。

《二刻拍案惊奇》卷五 1：众贼道："果是利害。而今幸得无事，弟兄们且打平伙，吃酒压惊去。"

《二刻拍案惊奇》卷三十九 2：有个纱王三，乃是王织纱第三个儿子，平日与众道士相好，常合伴打平火。

《邯郸县志·风土志·方言》："醵（jù）钱饮酒日打平火。"

延庆话：老晏热心组织打平伙，但每到结账时刻，他不是在洗手间就是在外面打手机，等有人结完账了，他也完事回来了。

打食/打食儿

释义：（鸟兽）到窝外寻找食物。延庆话读作"打食儿"，意思用法一样。

《红楼梦》：谁知这山上有一个得道的老猢狲出来打食，

看见菩萨顶上白气冲天，虎狼远避，知道来历非常，便抱回洞中抚养。（第一零一回　大观园月夜感幽魂　散花寺神签惊异兆）

延庆话：鸟兽生儿育女十分不易，不管什么天气，父母都要不辞辛苦出去打食儿，否则孩子们就要挨饿了。所以我们千万不要伤害它们。

打　围

释义：打猎的人从四面围捕野兽，也泛指打猎。

《醒世姻缘传》第一回：内中有一个文明说："要打围，我们竟到晁大哥庄上。一来那雍山前后地方宽阔，野兽甚多；也还得晁大哥作个东道主人方好。"

《红楼梦》：冯紫英笑道："从那一遭把仇都尉的儿子打伤了，我就记了，再不呕气，如何又挥拳。这个脸上是前日打围在铁网山教兔鹘捎一翅膀。"（第二十六回　蜂腰桥设言传密意　潇湘馆春困发幽情）

延庆话：刘大套天生喜欢打围，有一次不知为什么将一同打围的弟弟看成了狐狸，结果将弟弟打残废了，从此他摔坏猎枪再也不打围了。

打油飞/打游飞

释义：无正当、固定职务而各处游荡。

《金瓶梅》第九十六回：又听见人说师父任道士死了，就害怕不敢进庙来，又没脸儿见杏庵主老，白日里到处打油飞，夜晚间还钻入冷铺中存身。

《儿女英雄传》第十三回：那些散了的长随，还有几个没找着饭主满处里打游飞的，听见少爷来了，又带了若干银子给老爷完交官项，老爷指日就要开复原官，都赶了来，借着道喜，要想喝这碗旧锅的粥。

延庆话：老梁不愿意当老师，自动离职后一直在北京打游飞。

大伯子（dà bāi zi）

释义：丈夫的哥哥。延庆读作"dà bǎi zi"语法意义一样。

《红楼梦》1：（探春）因此窗外听了一听，便走进来陪笑向贾母道："这事与太太什么相干？老太太想一想，也有大伯子要收屋里的人，小婶子如何知道？便知道，也推不知道。"（第四十六回　尴尬人难免尴尬事　鸳鸯女誓绝鸳鸯偶）

《红楼梦》2：贾琏虽是大伯子，因从小儿见的，也不回避。宝钗进来见了母亲，又见了贾琏，便往里间屋里同宝琴坐下。（第一零三回　施毒计金桂自焚身　昧真禅雨村空遇旧）

延庆话：能在老公公面前扭一扭，不在大伯子面前走一走，说的是小婶在大伯子面前忌讳很多，要谨言慎行。

大半拉

释义：指大半、大部分。

《儿女英雄传》第四回："我唱个《小两口儿争被窝》你听。"公子说："我都不听。"只见他捂着琵琶直着脖子问道：

"一个曲儿你听了大半拉咧，不听咧？"公子说："不听了!"那丫头说："不听，不听给钱哪!"

延庆话：儿子好胃口，一个大西瓜不一会儿就吃掉了大半拉。

大发了

释义：形容严重超过适当的限度。

《儿女英雄传》第二十一回：忽见黑金刚郝武把手拍了拍脑门子，叹了口气，向众人说道："列位呀! 照这话听起来，你我都错了，错大发了!"

延庆话：互联网金融网络借贷 P2P 激发了很多人的致富梦，没想这是个美丽的幻梦，很多玩大发了的人因此倾家荡产。

大概齐

释义：大致，大体。表示不很精确的估计。

《儿女英雄传》第二十二回：他道："实在是老爷、太太疼奴才爷，奴才爷的造化! 奴才大概齐也听见华忠说了，这一荡，老爷合爷可都大大的受惊，吃了苦劳了神了!"

延庆话：下海忙了几年，也就赚了几十万元，大概齐和上班也差不多。

大　娘

释义：称呼父亲的嫂子。延庆话读"大娘"为（dà

niàng），意思用法一样

《红楼梦》：宝玉道："大娘方才说有话说，不知是什么话?"邢夫人笑道："那里有什么话，不过是叫你等着，同你姊妹们吃了饭去。还有一个好玩的东西给你带回去玩。"（第二十四回　醉金刚轻财尚义侠　痴女儿遗帕惹相思）

延庆话：八月十五快到了，明天给你大娘送盒月饼去。

大清老早

释义：大清早。

《二十年目睹之怪现状》第八十七回：少奶奶早起请早安，上去早了，便骂："大清老早的，跑来闹不清楚，我不要受你那许多礼法规矩，也用不着你的假惺惺。"

延庆话：大清老早本是学习的好时光，很多年轻人却在睡懒觉，因为他们喜欢熬夜。

大　喜

释义：指婚姻方面的喜事。延庆话中"大喜"指孕妇生孩子。

《红楼梦》1：袭人斟了茶来与史湘云吃，一面笑道："大姑娘，听见前儿你大喜了。"史湘云红了脸，吃茶不答。（第三十二回　诉肺腑心迷活宝玉　含耻辱情烈死金钏）

《红楼梦》2：走进里间说道："宝兄弟大喜！老爷已择了吉日，要给你娶亲了。你喜欢不喜欢?"宝玉听了，只管瞅着凤姐，笑微微的点点头儿。（第九十七回　林黛玉焚稿断痴情　薛宝钗出闺成大礼）

延庆话：听说小胡昨天大喜了，生个胖小子，抽空咱们赶紧去看看。

大小子

释义：1. 称年龄略大的童仆。2. 未成年的大儿子。延庆话将未成年的男孩叫"xiě zi"，意思用法相似。

《儒林外史》第二十九回：见一个大脚婆娘同他家一个大小子坐在一个板凳上说话。

延庆话：陈老汉最骄傲的就是老婆一口气给他生了九个秃小子，而大小子结婚后，陈老汉的老婆和儿媳比赛生育，又给他生了三个小子。

大　样

释义：装模作样端架子摆谱。延庆话已将"大样"演化成"装大样""拿大样"，意思是装模作样摆架子。

《红楼梦》：周瑞家的等人皆各有事务，作这些事便是不得已了，况且又深恨他们素日大样，如今那里有工夫听他的话。（第七十七回　俏丫鬟抱屈夭风流　美优伶斩情归水月）

延庆话：老吉本事不大，谱可不小，经常在弟兄们面前拿大样，冒充大尾巴狼。

大爷（dà yé/dà ye）

释义：称爷爷的哥哥为（dà yé），称父亲的哥哥为（dà ye）。

《红楼梦》1：宝玉笑道："我偏着娘说大爷大娘不成？通共一个不是，我娘在这里不认，却推谁去？我倒要认是我的不是，老太太又不信。"（第四十六回　尴尬人难免尴尬事　鸳鸯女誓绝鸳鸯偶）

《红楼梦》2：凤姐也摔了，一面止了哭挽头发，又喝骂贾蓉："出去请大哥来。我对面问他，亲大爷的孝才五七，侄儿娶亲这个礼我竟不知道。我问问，也好学着日后教导子侄的。"（第六十八回　苦尤娘赚入大观园　酸凤姐大闹宁国府）

延庆话：孩子你记住了：爷爷的哥哥叫大爷（dà yé），爸爸的哥哥叫大爷（dà ye），字同音不同。

呆瞪瞪（dāi dèng dèng）

释义：因害怕忧虑等原因而发呆，发愣。

《金瓶梅》第五十六回：说的常峙节有口无言，呆瞪瞪不敢做声。

延庆话：自从老婆跟别人私奔以后，刘老汉就变得呆瞪瞪的寡言少语了。

呆　憨

释义：头脑迟钝，不灵活。延庆话由"呆憨"衍生出"癫憨（又疯又楞）"。

《红楼梦》：因见芳官在侧，便递与芳官笑道："你也学着些伏侍，别一味呆憨呆睡。口劲轻着，别吹上唾沫星儿。"（第五十八回　杏子阴假凤泣虚凰　茜纱窗真情揆痴理）

《醒世恒言》第二十四卷：离都旬日，长安贡御车女袁宝儿，年十五，腰肢纤堕，呆憨多态。

延庆话1：这家伙就是个便宜虫，别看平时有些呆憨，可找便宜的事从不落下。

延庆话2：小时候，我们都怕邻村的鲁二来，因为他是个癫憨，特别潮性（鲁莽），多看他两眼，他就会挥着杵子（拳头）追你。

耽待 (dān dài)

释义：原谅，包容。

《金瓶梅》第七十九回：指着金莲说："六儿从前的事，你耽待他罢。"

延庆话：您大人大量，孩子没出息，您就多担待一些吧，谢谢您了。

当哑吧卖了

释义：比喻说话多且不当，招人反感。"哑吧"通"哑巴"。

《儿女英雄传》第七回：那妇人道："我还说话吗？我只打量你们把我当哑吧卖了呢！"

延庆话：都大半夜了，你们还唠叨个不停，不说话没人把你们当哑吧卖了。

当院（dāng yuàn）

释义：指院子里。

《儿女英雄传》第七回：那女子便走到当院里，顺着那声音听去，好似在厨房院里一般。

延庆话：住四合院的时候，当院是孩子们最好的游戏场所。

叨叨（dāo dao）

释义：没完没了地唠叨。

《红楼梦》1：贾琏道："你还不足？你细想想，昨儿谁的不是多？今儿当着人还是我跪了一跪，又赔不是，你也争足了光了。这会子还叨叨，难道还叫我替你跪下才罢？太要足了强也不是好事。"（第四十四回　变生不测凤姐泼醋　喜出望外平儿理妆）

《红楼梦》2：贾珍见他酒后叨叨，恐人听见不雅，连忙用话解劝。（第七十五回　开夜宴异兆发悲音　赏中秋新词得佳谶）

延庆话：有正经话就直说，别没完没了地瞎叨叨。

叨登/蹬（dāo deng）

释义：翻复、移动、搅乱、翻腾的意思。也作"叨蹬"。延庆话将"叨登"读作"倒腾"，用法意义相似。

《红楼梦》1："到底不收，说赏我打酒吃，又说'如今厨房在里头，保不住屋里的人不去叨登，一盐一酱，那不是钱买的。你不给又不好，给了你又没的赔。你拿着这个钱，全当还了他们素日叨登的东西窝儿。'"（第六十一回 投鼠忌器宝玉瞒赃 判冤决狱平儿行权）

《红楼梦》2：若以后叨登不出来，是大家的造化，若叨登出来，不知里头连累多少人呢。（第六十二回 憨湘云醉眠芍药裀 呆香菱情解石榴裙）

延庆话：《道德经》说治大国若烹小鲜，反对的就是朝令夕改式的反复叨登。

倒过气来

释义：紧张憋气之后缓过气（息）来。

《醒世姻缘传》第四回：只见珍哥的脸紫胀的说道："肚子胀饱，又使被子蒙了头，被底下又气息，那砍头的又怪铺腾酒气，差一点儿就鳖杀我了！如今还不曾倒过气来哩！"

延庆话：我费了九牛二虎之力抓住一只跑进屋的小老鼠，抓到时它已经奄奄一息。我正考虑如何处理它的后事，不想它倒过气来，飞快钻入箱子后面，再也找不到了。

倒气儿（dǎo qì er）

释义：1. 指临死前呼吸困难，无规律地急促吸气。2. 由于劳累或紧张上气不接下气。

《红楼梦》：小丫头道："回来说晴雯姐姐直着脖子叫了一夜，今日早起就闭了眼，住了口，世事不知，也出不得一声儿，只有倒气儿的分儿了。"（第七十八回 老学士闲征姽婳

词 痴公子杜撰芙蓉诔）

延庆话 1：老太太临终前想交代什么，可是倒气儿一阵紧似一阵，结果什么也没说就咽了气。

延庆话 2：他刚刚跑完一万米，你让他倒倒气再采访他好吗？

到三不着两／ 道三不着两

释义：做事没有中心，不分轻重缓急，还有指喜怒任性、言行令人厌恶的意思。延庆话将这个词简化为"道不着两"，意思增加了"做事不守规矩不守公德，让人讨厌"的意思，其他意义用法相同。

《红楼梦》1：如今我眼里看着，耳朵里听着，那珍大爷管儿子倒也像当日老祖宗的规矩，只是管的到三不着两的。（第四十五回　金兰契互剖金兰语　风雨夕闷制风雨词）

《红楼梦》2：薛姨妈听了，笑道："正是我忘了，原该叫他同你去才是。我前日还同你哥哥说，文杏又小，道三不着两，莺儿一个人不够伏侍的，还要买一个丫头来你使。"（第四十八回　滥情人情误思游艺　慕雅女雅集苦吟诗）

《儒林外史》第一十六回："你哥又没中用，说了几句道三不着两的话。"

延庆话：你小子再敢道三不着两地和我闺女胡说八道，小心老子大耳刮子抽你！

嘚啵（dē bo）

释义：形容说话没完没了絮絮叨叨，唠叨。延庆话常读作"嘚嘚"，意思用法一样。

《儿女英雄传》第二十五回 1：好个小金凤儿！难道连你也要气我，嘚啵嘚啵不成？果然如此，可算你"猴儿拉稀坏肠子"了！

《儿女英雄传》第四十回 2：那位珍姑娘虽然这一向有个正经事儿也跟在里头嘚啵两句儿，又无如这桩事他一开口总觉得像是抱着个不哭的大白鸭子，只说现成儿话。

延庆话：小人儿不是客，有嘴瞎嘚嘚。

得　济

释义：得到回报、依靠、赡养等。

《红楼梦》：生女儿不得济，还是别人家的人；生儿若不济事，关系非浅。（第八十一回　占旺相四美钓游鱼　奉严词两番入家塾）

《儿女英雄传》第十九回：从来父母生儿也要得济，生女也要得济；他二位老人家一灵不昧，眼睁睁只望了你一个人。

延庆话：过去老人常说"早生儿子早得济"，现在看来不完全是那么回事，生个贴心小棉袄也许更得济。

噔楞噔楞

释义：形容弦琴弹奏声。

《儿女英雄传》第四回：跟着便听得弦子声儿噔楞噔楞的弹着，走进院子来。

延庆话：小时候给舅舅拜年，隔壁大姥爷"噔楞噔楞"的大鼓书给我留下深刻的印象。

滴里搭拉

释义：数量众多，纷纷耷拉下垂的样子。

《红楼梦》：侄孙子、重孙子、灰孙子、滴里搭拉的孙子、孙女儿、外孙女儿、姨表孙女儿、姑表孙女儿……嗳哟哟！真好热闹。（第五十四回　史太君破陈腐旧套　王熙凤效戏彩斑衣）

延庆话：老蒋的葡萄丰收了，葡萄架上滴里搭拉挂满了葡萄串。

滴零搭拉

释义：衣服破烂不堪样。

《三侠五义》第十回：然后拿出一顶半零不落的开花儿的帽子，与四爷戴上；又拿上一件滴零搭拉的破衣。

延庆话：老讨吃的衣服——滴零搭拉。

低留答剌（là）/低留答腊

释义：低重，下垂的样子。

《端正好·徐我亭归田》套曲：见了个官来客来，系上条低留答剌的带。

《步蟾宫·十劣》曲：奶儿长低留答腊，孩儿多皮愁扒查。

延庆话：这小子从不在意着装，平时穿得里出外进，低留答剌。

滴水檐（dī shuǐ yán）

释义：屋檐。

《杀狗劝夫》三折：前者得过承，是我那滴水檐前受了的冷。

《警世通言》第三卷：东坡告辞，荆公送下滴水檐前。

延庆话：滴水檐下三尺之内土地归房主所有。

地震鳌（áo）鱼动

释义：谓驮着大地的大鱼一动就发生地震。延庆老人至今尚有"鳌鱼眨眼地翻身"之说。

《茶香室丛钞》卷十二："宋刘放《彭城集》有《地震戏王深父》诗，自注曰：'俗云地震鳌鱼动。'按今尚有此俗说。"

延庆话：小时候，老人们告诉我们，整个大地由一条大鱼驮着，大鱼一眨眼，就会地动，即所谓"地震鳌鱼动。"

俗云**地震鳌鱼动**。按今尚有此俗说。

颠 (diān)

释义：颠簸难受，跑。

《红楼梦》：贾母看了，喜欢不尽，不免又问些话。无奈宝玉一心记着晴雯，答应完了话时，便说骑马颠了，骨头疼。（第七十八回　老学士闲征诡画词　痴公子杜撰芙蓉诔）

《蒲松龄集·磨难曲》第十八回："既不是梦，咱不快颠，等待何时？"

延庆话：这小子一下班就马上颠了，可能在谈恋爱。

战敠/掂掇 (diān duō)

释义：观察，估计，琢磨。

《红楼梦》1：凤姐手里拿着西洋布手巾，裹着一把乌木三镶银箸，战敠人位，按席摆下。（第四十回　史太君两宴大观园　金鸳鸯三宣牙牌令）

《红楼梦》2：平儿今见他这般，心中也暗暗的战敠：果然话不虚传，色色想的周到。（第四十四回　变生不测凤姐泼醋　喜出望外平儿理妆）

延庆话：大肚子媳妇回娘家——战敠自己的身份。（延庆歇后语）

点　补

释义：饥饿时先少吃一点食物的意思。延庆话读作"点吧（diǎn ba）"，意义用法相同。

《红楼梦》：平儿忙笑道："奶奶请回来。这里有点心，且点补一点儿，回来再吃饭。"（第七十一回　嫌隙人有心生嫌隙　鸳鸯女无意遇鸳鸯）

延庆话：吃后晌饭还早着呢，大家先吃块蛋糕点补吧点补吧！

垫舌根

释义：指被人在背后议论讥笑。

《金瓶梅》第五十一回：月娘道："想必两个有些小节不足，哄不动汉子，走来后边，没的拿我垫舌根。我这里还多着个影儿哩！"

延庆话：别看这家伙表面不错，背后没少给同事"垫舌根"。

窎远（diào yuǎn）

释义：（距离）遥远。

《初刻拍案惊奇》卷二十：（李克让）本是西粤人氏，只为与京师窎远，十分孤贫，不便赴试。

《镜花缘》第一回：且说天下名山，除王母所住昆仑之外，海岛中有三座名山：一名蓬莱，二名方丈，三名瀛洲。都是道路窎远，其高异常。

延庆话：过去很多京城里的人都说延庆离山窎远，来一趟十分不易，现在高速路、高铁双双经过延庆，来延庆游玩变得十分便捷。

掉着样儿

释义：换着花样。

《儿女英雄传》第二十四回：实在没法儿了，便放下活计，同了张太太，带上两个婆子丫鬟，同他从阳宅的角门出去，走走望望；回来又掉着样儿弄两样可吃的家常菜他吃，也叫他跟着抓挠。

延庆话：丈母娘疼女婿，怕闺女受委屈，因此，老邹每次看岳母，岳母都掉着样儿给他做可口的饭菜。

蹀里蹀斜

释义：走路歪歪斜斜、摇晃不定的样子。

《金瓶梅》第二回：那妇人连声叫道："叔叔却怎这般计较！自家骨肉，又不服事了别人。虽然有这小丫头迎儿，奴家见他拿东拿西，蹀里蹀斜，也不靠他。就是拨了士兵来，那厮上锅上灶不干净，奴眼里也看不上这等人。"

延庆话：老张又喝醉了，走起路来蹀里蹀斜，风吹欲倒。

丁　点

释义：一小点。

《蒲松龄集·快曲》第四联："丁点力气全没费，马上提来头一双。"

延庆话：你简直懒得掉渣，怎么一丁点家务活也不干呢？

抖搂 (dǒu lou)

释义：1. 打开，掀动，揭露。2. 抖晾，抖落。3. 着凉，受风。延庆话中"抖搂"除上述意思外，还有故意炫耀的意思。

《金瓶梅》第九十四回：这雪娥听见，千不合，万不合，悄悄说了一句："姐姐几时这般大了，就抖搂起人来！"

《红楼梦》：紫鹃道："姑娘的身上不大好，起来又要抖搂着了。"（第九十七回　林黛玉焚稿断痴情　薛宝钗出闺成大礼）

《儿女英雄传》第二十五回：我要不起根发脚把你我从能仁寺见面起的情由，都给你当着人抖搂出来，问你个白瞪白瞪……

延庆话1：你先把鞋窠拉的沙子抖搂出来，省得走路硌脚丫子。

延庆话2：哥们儿，悠着点！就这点本事也好到处抖搂？

抖露 (dǒu lu)

释义：揭发的意思。

《红楼梦》：平儿仍拿了发笑道："这是我一生的把柄了。好就好，不好就抖露出这事来。"（第二十一回　贤袭人娇嗔箴宝玉　俏平儿软语救贾琏）

延庆话：这个女人狠狠地对他说："你要不保护我，我就把事情都抖露出来，以后谁也甭好过！"

嘟噜 (dū lu)

释义：密实成串的东西。

《红楼梦》：袭人道："你就是不住手的赶也赶不了许多。你倒是告诉买办，叫他多多做些小冷布口袋儿，一嘟噜套上一个，又透风又不糟蹋。"（第六十七回　见土仪颦卿思故里 闻秘事凤姐讯家童）

延庆话：延庆金奖葡萄上了国宴，最大一嘟噜红提能卖好几百元呢。

都噜都噜

释义：说话快且听不清楚；鸟儿婉转多变的声音。

《清平山堂话本》卷二：猛听得外面人说话，不由我不心中怕；今朝是个好日头，只管都噜都噜说甚么！

延庆话1：陈大婶自小说话就都噜都噜，只有家人才能知道她在说什么。

延庆话2：这个鸟个儿不大，一口气能都噜都噜好长时间。

对矮人莫说矬话/ 当着矮人别说短话

释义：谓当着人家的面，不要说有关他短处的话，以避影射之嫌。

《三宝太监西洋记》第八十回：（百里雁）说道："我笑你这个矮冬瓜。你南朝既没有大将，惹这个空头祸做甚。你都到我这里来寻死么？"金都督正是对矮人莫说矬话，听见骂他矮冬瓜，他好不吃力，也喝声道："陡！胡说！"

《红楼梦》："俗语说，'当着矮人，别说短话。'姑奶奶骂我，我不敢还言；这二位姑娘并没惹着你，小老婆长小老婆短，人家脸上怎么过得去？"（第四十六回　尴尬人难免尴尬事　鸳鸯女誓绝鸳鸯偶）

延庆话：为人处世切莫指着和尚骂秃驴，对矮人莫说矬话。

对　劲

释义：合适；相互间投脾气。

《红楼梦》：托孙亲家那边有对劲的提一提。（第八十四回　试文字宝玉始提亲　探惊风贾环重结怨）

延庆话：更年期夫人对青春期儿子的逆反言论，总是喜欢用反语进行否定："对劲，对劲！看最后谁吃亏？"

对　嘴

释义：当面对质。延庆话将这个词演化为"对嘴子"，意义用法一样。

《红楼梦》：探春喝命丫鬟道："你们没听他说话？还等我和他对嘴去不成！"（第七十四回　惑奸谗抄检大观园　矢孤介杜绝宁国府）

延庆话：别看她是个公众人物，但却经常背后给人卖臭，最好的办法是拉下脸和她对嘴子。

墩

释义：1. 东西猛力往下放。2. 颠簸，震动。3. 关押。

《金瓶梅》第五十八回 1：倘若推辞，连那鹁鸽都与我锁了墩在门房儿。

《金瓶梅》第九十一回 2：心中正没好气，拿浴盆进房，往地下只一墩，用大锅烧上一锅滚水。

《醒世姻缘传》第十三回：晁大舍、珍哥怕墩得疮疼，都坐不得骡车，从新买了卧轿，两个同在轿内睡卧。

延庆话：某女士在外坐拖拉机被墩得很难受，回到家马上迁怒于物，锅碗瓢盆被墩得响成一片，丈夫生气地说她应该墩班房了。

墩 打

释义：故意摔打东西，给人难堪。

《醒世姻缘传》第四十八回：素姐在家住了数日，薛教授话也不合他说句，冷脸墩打着他。

延庆话：闺女，你想回来就回来，你要是想墩打爹娘，就赶紧回你们小家去吧。

砘骨碌 (dùn gū lu)

释义：播种覆土后用来把松土压实的小型石制纺锤形农具，两端中部有孔用来挂铁扣。延庆话常读作"砘骨碌子"，常常用来比喻未长大的小孩。

《聊斋俚曲集·富贵神仙》第十一回：下轿来一看，可是那砘骨碌吊在井里，真是一个眼子到底。

延庆话：你这么砘骨碌子大的孩崽子能干什么呢？还是老老实实看家吧。

掇　弄

释义：1. 收拾，修理。2. 摆弄，怂恿。

《红楼梦》1：幸亏宝钗是新媳妇，宝玉是个疯傻的，由人掇弄过去了。（第九十八回　苦绛珠魂归离恨天　病神瑛泪洒相思地）

《红楼梦》2：老爷是不管事的人，以后便乱世为王起来了，我们这些人不是要叫他们掇弄了么。（第一一一回　鸳鸯女殉主登太虚　狗彘奴欺天招伙盗）

《红楼梦》3：此时妙玉心中只是如醉如痴。可怜一个极洁极净的女儿，被这强盗的闷香熏住，由着他掇弄了去了。（第一一二回　活冤孽妙尼遭大劫　死雠仇赵妾赴冥曹）

延庆话：一个老爷们凡事自己要有个主意，不要总是像木偶一样被别人掇弄。

踱拉踱拉（duó lā duó lā）

释义：缓慢地走。延庆话读作“dū cā dū cā”（嘟嚓嘟嚓），意思用法相同。

《儿女英雄传》第二十一回：他爹说“我怕甚么？撒开丫子就到咧！你那踱拉踱拉的，踱拉到啥时候才到喂！”

延庆话：好喝酒的老赵得了脑血栓后遗症，走起路来

"嘟嚓嘟嚓"，再也没有昔日的雄风。

躲滑儿

释义：偷懒耍滑，故意逃避责任和义务。

《金瓶梅》第二十七回 1：才待撇了西门庆走，被西门庆一把手拉住了，说道："小油嘴儿，你躲滑儿，我偏不放你。"

《金瓶梅》第七十六回 2：今日前边恁摆酒，俺们都在这里定果盒，忙的了不得，他到落得在屋里躲滑儿。

延庆话：老任是绝对的老油条，早上在单位食堂吃完饭之后不久，就从后门溜出去躲滑儿去了。

E

屙金溺银

释义：比喻生存有术，发财有道。

《西游记》：行者道："师父说那里话！常言道，一日为师，终身为父。我等与你做徒弟，就是儿子一般。又说道，养儿不用屙金溺银，只是见景生情便好。"（第八十一回　镇海寺心猿知怪　黑松林三众寻师）

《金瓶梅》第三十二回：伯爵道："我的姐姐，谁对你说来？正可着我心坎儿。常言道：养儿不要屙金溺银，只要见景生情。倒还是丽春院娃娃，到明日不愁没饭吃，强如郑家那贼小淫妇，歪刺骨儿，只躲滑儿，再不肯唱。"

延庆话：父母并不需要你给家里屙金溺银，平时多回来看他们几回就行了。

饿的慌

释义：饿得心里发慌。

《金瓶梅》第五十六回：常二道："我才吃的饭，不要吃了。你饿的慌，自吃些罢。"

延庆话：糖尿病患者就怕饿的慌，一饿血糖迅速变低，浑身没劲出虚汗。

饿　损

释义：饿坏了。

《水浒传》：一个也不要坏他。快做七辆囚车装了，与些酒饭，将养身体，休教饿损了他，不好看。他日拿了宋江，一并解上东京去，教天下传名，说这个祝家庄三子。（第五十回　吴学究双掌连环计　宋公明三打祝家庄）

延庆话：快上饭吧，这孩子两天没吃饭了，早饿损了。

恶水缸儿

释义：指当家人什么都管，责怪怨恨都集于一身，就像泔水缸一样，什么屈辱都得忍受。也指当家人应当有容人的气量。

《金瓶梅》第五十一回：大妗子在旁劝道："姑娘罢么，看孩儿的分上罢！自古宰相肚里好行船。当家人是个恶水缸儿，好的也放在心里，歹的也放在心里。"

延庆话：当领导的就是个恶水缸儿，能容人是关键。

耳朵尖

释义：指人耳朵灵、能分辨出别人秘密或敏感的话语。

《金瓶梅》第六十一回：西门庆道："今日你众娘每大节间，叫他来赏重阳顽耍，偏你这狗才耳朵尖，听的见！"

延庆话：老新这家伙耳朵尖着呢，全村谁们家什么事他都门儿清，人送绰号"新华社"。

耳热眼跳

释义：迷信说法，耳朵发热、眼皮抖动，预示着不吉利，或说明背后有人咒骂。

《留鞋记》第二折：不知今夜怎生这等耳热眼跳也，敢是母亲行有些嗔责。

《新水令·春恨》：空着我便耳热眼跳，心神恍忽，失惊打怪。

延庆话：耳热眼跳，不是坏事，就是凶兆。

二不棱登

释义：傻里傻气。

《醒世姻缘传》第六十二回：惟独一个二不棱登的妇人，制伏得你狗鬼听提，先意承志，百顺百从。

延庆话：这家伙是个横理不讲竖理不明的二不棱登。

二尾子（èr yǐ zi）

释义：指两性人。

《金瓶梅》第九十六回：又一人说："你相他相，倒相个兄弟。"一个说："倒相个二尾子。"

《醒世姻缘传》第九十三回：既是断不得色欲，便就不该做了和尚，既要吃佛家的饭，便该守佛家戒律，何可干这二尾子营生？

延庆话：这人一点不阳刚，一举一动咋看都像个二尾子。

F

发　毛

释义：指害怕，惊慌，因恐惧汗毛竖起来。

《儿女英雄传》第七回：穿红的女子道："就是我管着你不准说话!"说着，就回手身后摸那把刀。那妇人见这样子，便有些发毛，一扭头道："不说就不说，你打谅我爱说话呢。我留着话还打点阎王爷呢!"

延庆话：政府的照明工程做得真好，以前在这条道上走夜路直发毛。

发送（fā sòng）

释义：办理丧事，安葬死者。延庆话读作"发送（fá sòng）"，意义用法一样。

《水浒传》：且说这婆子将了帖子迳来县东街陈三郎家取了一具棺材，回家发送了当，兀自余剩下五六两银子，娘儿两个把来盘缠，不在话下。（第二十一回　虔婆醉打唐牛儿宋江怒杀阎婆惜）

《红楼梦》：宝钗叹道："姨娘也不必念念于兹，十分过不去，不过多赏他几两银子发送他，也就尽主仆之情了。"（第三十二回　诉肺腑心迷活宝玉　含耻辱情烈死金钏）

延庆话：王经理，明天我要发送老母亲，跟您请一天假。

翻尸倒骨

释义：翻箱倒柜找东西，也有搬弄陈旧、迂腐的思想的意思。

《儿女英雄传》第二十二回：我家住的合他那学堂不远儿，我家老公公可倒知道呢，翻尸倒骨的，谁多这事去？

延庆话：房屋买卖凭据丢哪里了呢？秦先生翻尸倒骨找了很长时间，终于在老房子的闲屋子里找到了，官司也因此打赢了。

妨碍（fáng ài）

释义：1. 影响，阻碍，牵连，使事情不能顺利进行。2. 不吉利，不吉祥，情况严重。

《红楼梦》1：我才告诉他说，媳妇忽然身子有好大的不爽快，因为不得个好太医，断不透是喜是病，又不知有妨碍无妨碍，所以我这两日心里着实着急。（第十回　金寡妇贪利权受辱　张太医论病细穷源）

《红楼梦》2：我但凡有这么个亲姐姐，就是没了父母也是没妨碍的。（第三十二回　诉肺腑心迷活宝玉　含耻辱情烈死金钏）

《红楼梦》3：只是晴雯也是和你一样从小儿在老太太屋里过来的，虽然他生得比人强，也没甚妨碍去处。（第七十七回　俏丫鬟抱屈夭风流　美优伶斩情归水月）

《红楼梦》4：我们偶然说一句略妨碍些的话，就说是不

利之谈，你如今好好的咒他是该的！（第七十七回　俏丫鬟抱屈夭风流　美优伶斩情归水月）

《红楼梦》5：贾蓉没有听完，吓得面上失色道："先生说得很是。但与那卦又不大相合，到底有妨碍么？"（第一零二回　宁国府骨肉病灾祲　大观园符水驱妖孽）

延庆话1：我老娘在世时常说：信神有神在，不信无妨碍。

延庆话2：老张说这两个孩子很般配，就怕犯属相，应该早点找个风水先生看看妨碍不妨碍，别结了婚总是吵闹。

放诌屁（fàng zhōu pì）

释义：胡说八道。延庆话将这个词衍化为"放诌诌屁"，多了一个"诌"字，感情色彩更明显，意思用法一样。

《红楼梦》：晴雯便道：别放诌屁！你们查的不严，怕得不是，还拿这话来支吾。才刚并不是一个人见的，宝玉和我们出去有事，大家亲见的。（第七十三回　痴丫头误拾绣春囊　懦小姐不问累金凤）

延庆话：你简直放诌诌屁！这件事我根本不知道！

肥夆夆

释义：肥胖的样子。

《水浒传》：郓哥道："你说没麦稃，怎地栈得肥夆夆地，便颠倒提起你来，也不妨煮你在锅里也没气？"（第二十五回　王婆计啜西门庆　淫妇药鸩武大郎）

延庆话：生活困难时期，去商店买猪肉都想要肥夆夆的，如今却希望多买瘦肉。

疯　魔

释义：发疯着魔，指精神失常态。常用来讽刺批评人。

《白雪遗音·玉蜻蜓·游庵》：贵升是，心飘荡，意疯魔，会向琼瑶王嫦娥。

《红楼梦》：平儿丫头疯魔了。这蹄子认真要降伏我，仔细你的皮要紧。（第二十一回　贤袭人娇嗔箴宝玉　俏平儿软语救贾琏）

延庆话：孙膑啃猪屎——假装疯魔！（延庆歇后语）

G

该

释义：欠账。

《红楼梦》1：我求妈妈暂且养养神，趁哥哥的活口，现在问问各处的帐目，人家该咱们的，咱们该人家的，亦该请个旧伙计来算一算，看看还有几个钱没有。（第一零零回　破好事香菱结深恨　悲远嫁宝玉感离情）

《红楼梦》2：贾政听了点头。便见门上进来回禀说："孙姑爷那边打发人来说自己有事不能来，着人来瞧瞧。说大老爷该他一种银子，要在二老爷身上还的。"（第一零六回　王熙凤致祸抱羞惭　贾太君祷天消祸患）

延庆话：你该别人钱不还，还整天作阔（大手大脚），脸皮咋这么厚呢？

干（gān）

释义：通过不友好的言动让人尴尬。

《红楼梦》：只见进来说道："大哥哥这几年在外头相与的都是些什么人，连一个正经的也没有，来一起子都是些狐群狗党。我看他们那里是不放心，不过来探探消息儿罢咧。这两天都被我干出去了。以后吩咐了门上，不许传进这种人

来。"（第九十回　失绵衣贫女耐嗷嘈　送果品小郎惊叵测）

延庆话：对这种不要脸的人甭客气，该拿话干他就干他。

干答应

释义：口头答应，但没有行动。

《红楼梦》：说着便令人去看轿马，"我和你太太宝玉立刻回南京去!"家下人只得干答应着。（第三十三回　手足耽耽小动唇舌　不肖种种大承笞挞）

延庆话：你别干答应没行动，要用行动证明你自己。

干打雷不下雨

释义：比喻大肆声张而无行动。

《乡言解颐·天部》：晋顾恺之凭重桓温。温死，人问哭状，曰："声如震雷劈山，泪如倾河注海。"故见小孩子号哭无泪者曰：干打雷不下雨。

延庆话：面对干打雷不下雨的孩子，千万别心软，否则他就以此为能，以后经常这么折磨家长了。

干　哭

释义：1. 没有眼泪的哭。2. 哭泣而无应对措施。

《红楼梦》1：麝月等回来，俱目瞪口呆，面面相窥。宝玉也吓怔了。袭人急的只是干哭。（第九十四回　宴海棠贾母赏花妖　失宝玉通灵知奇祸）

《红楼梦》2：薛姨妈本来气得干哭，听见贾琏的话便笑

着说："倒要二爷费心！……"（第一零三回　施毒计金桂自焚身　昧真禅雨村空遇旧）

延庆话：事到如今，你干哭是没用的，赶紧找人想办法吧！

干老儿

释义：干爹。

《儿女英雄传》第三十九回：邓九公拍手道："好极了！好极了！就是这么着。老弟，你瞧愚兄是个糙人，也不懂得如今那些拜老师收门生的规矩，率真了说罢，剪直的我就叫这俩孩子认你作个干老儿，他俩就算你的干儿子，你将来多疼顾他们点儿。你说这比老师门生痛快不痛快？"

延庆话：这个人没啥本事，就认了一个干老儿，这不又要升职了。

乾哕（gān yuě）

释义：恶心反胃，要吐又吐不出来。

《醒世恒言》第三卷：却说美娘睡到半夜，醒将转来，自觉酒力不胜，胸中似有满溢之状。爬起来，坐在被窝中，垂着头，只管打乾哕。

延庆话：盘山路弯儿太多，小王晕车了，乾哕之后吐得车上到处都是。

赶碌（lù）的慌

释义："赶碌"是忙碌、催促的意思。"慌"有难以忍受的意思。

《儿女英雄传》第三十八回：太太还说自己也乏了，今儿要晚着些儿起来，为的是省了爷、奶奶赶碌的慌，吩咐奴才叫辰初二再请呢。

延庆话：领导每天不停下发通知，不停催计划报表总结，要轨迹痕迹笔记，让基层倍感赶碌的慌，有些员工竟然累得住进了医院。

赶　罗

释义：催促，催逼。

《老残游记续集·遗稿》第三回：你大嫂子、二嫂子都来赶罗赶我，我又怎么样？

延庆话：你没看见我在忙吗？别赶罗了！

敢　是

释义：1. 难道，莫非是。2. 怕是，敢情是。3. 当然（有羡慕或者奉承别人的优越条件的意思）。

《水浒传》：主人要去烧香，等太平了去。休信夜来那个算命的胡讲，倒敢是梁山泊歹人，假装做阴阳人，来煽惑主人。（第六十一回　吴用智赚玉麒麟　张顺夜闹金沙渡）

《西游记》：天王道："那壁厢敢是不该下雨哩。我向时闻得说，那郡侯撒泼，冒犯天地，上帝见罪，立有米山、面山、黄金大锁，直等此三事倒断，才该下雨。"（第八十七回　凤仙郡冒天止雨　孙大圣劝善施霖）

《红楼梦》：当下雨村见了士隐，忙施礼陪笑道："老先生倚门伫望，敢是街市上有甚新闻否？"（第一回　甄士隐梦幻识通灵　贾雨村风尘怀闺秀）

延庆话：敢是你们家是土豪，买个飞机也不眨眼，我们哪敢比呀！

赶　嘴

释义：趁别人吃饭之机赶来蹭吃喝。

《杀狗劝夫》楔子：你那里是与我做生日，明明是赶嘴来。

延庆话：某君不想花钱却总想蹭饭，于是听说别人聚会后总是找借口去赶嘴。

矼牙（gāng yá）

释义：吃东西时，硬东西垫磨、损伤了牙齿。延庆话也作"硌牙（gè yá）"，意思用法相同。

《红楼梦》：凤姐又道："妈妈很嚼不动，那个倒没的矼了他的牙。"（第十六回　贾元春才选凤藻宫　秦鲸卿夭逝黄泉路）

延庆话：过去生产条件差，小米里面沙子多，吃饭时经常矼牙。

岗尖（gǎng jiān）

释义：1. 形容极满的。2. 超出一般的，极好的。延庆话读作：gàng jiān，意思用法相同。

《儿女英雄传》第十六回1：他接来，把肉也倒在饭碗里，又舀了半碗白汤，拿筷子拌了岗尖的一碗，就着辣咸菜，忽噜噜，噶吱吱，不上半刻，吃了个馨净。

《儿女英雄传》第三十二回2：街北是座红货铺，那园子门口儿总摆那么俩大筐，筐里堆着岗尖的瓜子儿。

延庆话：程发伯伯（bǎi bai）能吃能干，200多斤麻包夹在胳肢窝就走，岗尖的五碗米饭不到一刻钟他就吃了个精光。

胳膊儿往外撇（piě）

释义：比喻说话、做事向着外人。

《金瓶梅》第八十一回："我不是托大说话，你年少不知事体。我莫不胳膊儿往外撇？"

延庆话：怎么也不能胳膊儿往外撇。

趷蹬蹬（kē dēng dēng）

释义：象声词。

《西游记》：草里飞禽，扑轳轳起；林中走兽，掬律律行。猛然一阵狼虫过，吓得人心趷蹬蹬惊。（第二十回　黄风岭唐僧有难　半山中八戒争先）

延庆话：听说要大规模扫黑除恶，作恶多端的二秃子一伙人吓得整天心里趷蹬蹬的，不知哪天警察找上门来。

格登格登（gē dēng gē dēng）

释义：象声词，同"咯噔"。

《儒林外史》第二十三回：一路走上去，走到暖阁上，走得地板格登格登一路响。

延庆话：楼上住的不知什么人，每天晚上十二点便开始格登格登地走路，走的我心搅麻乱。

搁不住

释义：1. 可能，说不准。有戏谑开玩笑的意思。2. 承受不了，禁不住。延庆话中"搁不住"除了上述意思外，还有东西保质期短、容易变质的意思。

《红楼梦》1：凤姐笑道："便是他们作，也得要东西，搁

不住我不给对牌是难的。"（第十四回　林如海捐馆扬州城
贾宝玉路谒北静王）

《红楼梦》2：赵嬷嬷也笑个不住，又念佛道："可是屋子
里跑出青天来了。若说'内人''外人'这些混帐原故，我们
爷是没有，不过是脸软心慈，搁不住人求两句罢了。"（第十
六回　贾元春才选凤藻宫　秦鲸卿夭逝黄泉路）

延庆话1：老张本来舍不得儿子出国留学，搁不住老婆天
天吹枕边风，于是就答应了。

延庆话2：这西红柿熟透了，搁不住，快吃掉吧！

搁的住

释义：经得起，能承受。延庆话中"搁的住"除了上述
意思外，还有东西保质期长的意思。

《红楼梦》：凤姐道："我乏的身子上生疼，还搁的住揉
搓。"（第十四回　林如海捐馆扬州城　贾宝玉路谒北静王）

延庆话1：她本来就脸头性刚，哪里搁的住你这一顿选
刺。（批评、指责）。

延庆话2：这是新品种葡萄，搁的住，十天半月后吃也没
问题。

格地地

释义：因生气难过而颤抖的样子。延庆话读作"格嘚嘚
（gé dēi dēi）"，意思用法一样。

《金瓶梅》第七十三回：当初没他来时，你怎的过来？如
今就是诸般儿称不上你的心了？题起他来，就疼的你这心里

格地地的!

延庆话:这孩子脾气忒大,一哭起来就气得格嘚嘚上气不接下气。

阁 气

释义:斗气,闹矛盾。

《西游记》1:行者道:"正是呢,我们走脱了,被他赶上,把我们就当汗巾儿一般,一袖子都笼了去,所以阁气。没奈何,许他求方医治,故此拜求。"(第二十六回 孙悟空三岛求方 观世音甘泉活树)

《西游记》2:那庭下摆列着巨灵神、鱼肚将、药叉雄帅,一拥上前,把行者捆了。金星道:"李天王莫闯祸啊!我在御前同他领旨意来宣你的人。你那索儿颇重,一时捆坏他,阁气。"(第八十三回 心猿识得丹头 姹女还归本性)

延庆话:这家伙从小就会耍心眼,总是搬弄是非挑动同学们阁气打架。

给个棒槌就认作针

释义:别人给个棒槌,就拿它当作针了。"针"谐"真"。形容人老实厚道,别人随便说说就信以为真了;也形容做事过于认真。

《红楼梦》:凤姐道:"我那里照管得这些事!见识又浅,口角又笨,心肠又直率,人家给个棒槌,我就认作针。"(第十六回 贾元春才选凤藻宫 秦鲸卿夭逝黄泉路)

延庆话:这孩子实心眼,给个棒槌就认作针,不要和他随便开玩笑。

给人家

释义：给女孩子找婆家嫁人。

《红楼梦》1：王夫人道："孩子们大了，少不得总要给人家的。"（第一零零回　破好事香菱结深恨　悲远嫁宝玉感离情）

《红楼梦》2：这里头就是五儿有些个狐媚子，听见说他妈求了大奶奶和奶奶，说要讨出去给人家儿呢。（第一一八回　记微嫌舅兄欺弱女　惊谜语妻妾谏痴人）

延庆话：老尤，闺女这么大了，该给她找个主给人家了。

公母俩

释义：指夫妻二人。

《儿女英雄传》第三十三回："等我说给你老公母俩听，你只要把这地弄行了，不差甚么你家里就有大半子不用买的东西了。"

延庆话：村里这老公母俩真是感情至深，老汉上午去世，下午老伴便喊着"老爷子，等等我"，随后也溘然长逝。

勾　使

释义：勾引。

《金瓶梅》第一回：吴月娘便道："你也便别要说起这千人，那一个是有良心的行货！无过每日来，勾使的游魂撞户。"

延庆话：这孩子忒没定力，别人一勾使他就没有了主意。

勾使鬼

释义：原意为阴曹地府中的勾魂使者，引申为引诱别人干坏事的人。

《金瓶梅》第十三回 1：嗔道昨日大白日里，我和孟三姐在花园里做生活，只见他家那大丫头在墙那边探头舒脑的，原来是那淫妇使的勾使鬼来勾你来了。

《金瓶梅》第二十一回 2：月娘道："两个勾使鬼，又不知来做甚。你亦发吃了出去，教他外头等着去。慌的恁没命的一般往外走怎的？大雪里又不知勾了那去？"

延庆话：陈三炮天生就是个勾使鬼，专门引诱无知的孩子。

狗揽八堆屎

释义：有些人不管自己能不能吃得下，能不能用得着，都喜欢占着。讽刺贪占的人、多管闲事的人。

《续红楼梦》：宝玉便将晴雯搂在怀里，笑道："妹妹不肯罢了，你怎么也不肯呢？你们也太狠了!"晴雯用指头在宝玉额上戳了一下，笑道："狗揽八堆屎，有个人陪同着也就罢了，强如你在大荒山跟着和尚受罪呢!"（第七回 碧落黄泉寻踪觅迹 红颜白发恸子思夫）

延庆话：老曹抢夺工程的策略是狗揽八堆屎，干不了也占着不让别人干。

狗咬尿（suī）胞虚欢喜/猫咬尿（suī）胞空欢喜

释义：过去农村杀猪后经常将猪尿胞充气给孩子当皮球踢，狗和猫有时当肉来咬，只能是空欢喜一场。讥讽人费尽心机，什么好处也没有捞到。

《西游记》：你看那娘娘一片云情雨意，哄得那妖王骨软筋麻，只是没福，不得沾身。可怜！真是猫咬尿胞空欢喜！（第七十一回　行者假名降怪犼　观音现象伏妖王）

延庆话：徐某花了十万元买下某个项目，结果许诺他的那个经理临时调走了，徐某狗咬尿胞虚欢喜，赔了夫人又折兵。

骨都都

释义：象声词，表示声、形、动作。

《黑旋风双献功》第一折："我喝一喝骨都都海波涛，撼一撼赤力力山岳崩。"

《西游记》1：山前面，有骨都都白云，屹嶒嶒怪石，说不尽千丈万丈挟魂崖。（第二十回　黄风岭唐僧有难　半山中八戒争先）

《西游记》2：三藏道："悟能，你休乱谈，水之浅深，如何试得？"八戒道："寻一个鹅卵石，抛在当中。若是溅起水泡来，是浅；若是骨都都沉下有声，是深。"（第四十七回　圣僧夜阻通天水　金木垂慈救小童）

《西游记》3：他不知利害，就把绵花扯了，只闻得当的一声响唣，骨都都的迸出烟火黄沙，急收不住，满亭中烘烘

火起。(第七十回　妖魔宝放烟沙火　悟空计盗紫金铃)

延庆话：小贾是个酒罐子，一口气能骨都都喝下两升啤酒。

咕嘟着嘴

释义：噘着嘴不高兴的意思。

《红楼梦》1：宝玉笑道："几个钱什么要紧，傻丫头不许闹了。"说的两个人都咕嘟着嘴坐着去了。(第八十五回　贾存周报升郎中任　薛文起复惹放流刑)

《红楼梦》2：麝月道："二爷上学去了，你又该咕嘟着嘴想着，巴不得二爷早一刻儿回来，就有说有笑的了。"(第九十二回　评女传巧姐慕贤良　玩母珠贾政参聚散)

延庆话：有话就说，别总是咕嘟着嘴不言语。

骨朵痒了

释义："骨朵"同"骨头"。谓欠打的人，挨揍的骨头，不挨打不舒服。延庆话常说"骨头痒了"，意义用法一样。

《金瓶梅》第八十三回：金莲听了大怒，就叫秋菊到面前跪着，骂道："教你煎熬粥儿，就把锅来打破了。你敢屁股大，吊了心也怎的？我这几日没曾打你这奴才，骨朵痒了！"

延庆话：老桂教训儿子：你要是皮紧骨头痒就言语一声，我这手早就痒了。

咕咕唧唧

释义：1. 说话声音很小，但不间断。2. 为了引起别人注意，反复不断地说。3. 小声口角，争吵。

《红楼梦》1：金荣越发得了意，摇头咂嘴的，口内还说许多闲话，玉爱偏又听了不忿，两个人隔座咕咕唧唧的角起口来。（第九回　恋风流情友入家塾　起嫌疑顽童闹学堂）

《红楼梦》2：贾母便问："你们又咕咕唧唧的说什么？"鸳鸯笑着回明了。（第八十四回　试文字宝玉始提亲　探惊风贾环重结怨）

《红楼梦》3：你哥哥一进门，就咕咕唧唧求我们奶奶去求亲。（第七十九回　薛文龙悔娶河东狮　贾迎春误嫁中山狼）

延庆话：这两丫头从小就投缘，一见面咕咕唧唧总是说个没完。

咕　唧

释义：同"咕咕唧唧"。

《红楼梦》1：姥姥会意，于是带了板儿下炕，至堂屋中，周瑞家的又和他咕唧了一会，方过这边屋里来。（第六回　贾宝玉初试云雨情　刘姥姥一进荣国府）

《红楼梦》2：众媳妇都说："姑娘罢呀！天天见了就咕唧。"有几个伶俐的，见他们对了口，又怕生事，都拿起脚来各自走开了。（第六十回　茉莉粉替去蔷薇硝　玫瑰露引来茯苓霜）

延庆话：局长上面正在讲话，见下面总有人咕唧，于是停下来说道，你们有什么话上来当众说好吗？

骨 冗

释义：蠕动。

《西游记》：八戒也道："疼得紧！"他两个疼痛难禁，渐渐肚子大了。用手摸时，似有血团肉块，不住的骨冗骨冗乱动。（第五十三回　禅主吞餐怀鬼孕　黄婆运水解邪胎）

延庆话：当胎儿在母腹中开始轻轻骨冗时，母亲心花怒放，幸福极了。

估倒/鼓捣

释义：弄完、琢磨、折腾、搬弄等意思。

《西游记》：那怪道："我虽见你眼熟，一时间却想不起姓名。你果是谁，从那里来的？你把我浑家估倒在何处，却来我家诈诱我的宝贝？着实无礼！可恶！"（第三十一回　猪八戒义激猴王　孙行者智降妖怪）

《醒世姻缘传》第五十九回：也如今说我估倒东西与狄周媳妇，这个舌头，难道压不死人么？

《红楼梦》：袭人便说："告诉不得你。昨儿夜里热闹非常，连往日老太太、太太带着众人顽也不及昨儿这一顽。一坛酒我们都鼓捣光了，一个个吃的把臊都丢了，三不知的又都唱起来。四更多天才横三竖四的打了一个盹儿。"（第六十三回　寿怡红群芳开夜宴　死金丹独艳理亲丧）

延庆话1：那天哥几个高兴，五个人把六瓶"老猎头"鼓捣光了。

延庆话2：别看老陈是个闷油瓶，可是心里有数，鼓捣起电脑来让很多专业人士刮目相看。

谷碌碌

释义：指翻滚声。延庆话中"谷碌碌"除翻滚落下的意思外，还有饿得慌的意思。

《水浒传》：先把戒刀和包裹拴了，望下丢落去；又把禅杖也掷落去；却把身望下只一滚，骨碌碌直滚到山脚边，并无伤损，跳将起来，寻了包裹，跨了戒刀，拿了禅杖，拽开脚步，取路便走。（第四回　小霸王醉入销金帐　花和尚大闹桃花村）

《醒世恒言》第二十卷：那老儿着了急，走到楼梯中间，一脚踏错，谷碌碌滚下去，又撞着徐氏，两个直跌到底，绞做一团。

延庆话1：我小时候曾经在山上为生产队放过牛，闲得无聊时便从山上往山下推石头，看着石头谷碌碌越来越快滚下山去，心里颇有成就感。

延庆话2：走了半天山路，我的肠子早就谷碌碌叫上了，快给我个火勺吃。

咕　曩

释义：犹咕哝。小声说话，多指自言自语。

《儿女英雄传》第二十一回：到了亲家太太了，磕着头，便有些话白儿，只听不出他嘴里咕曩的是什么。

延庆话：这哥们睡觉爱说梦话，咕囔咕囔不知说些什么。

姑 娘

释义：父亲的姐妹，有时为了显示对对方的尊敬也称年长的女性为"姑娘"。

《水浒传》：解珍道："……孙新、孙立的姑娘，却是我母亲，以此他两个又是我姑舅哥哥。央烦的你暗暗地寄个信与他，把我的事说知，姐姐必然自来救我。"（第四十八回　解珍解宝双越狱　孙立孙新大劫牢）

《红楼梦》1：二门口该班的小厮们见了平儿出来，都站了起来，有两个又跑上来赶着平儿叫"姑娘"。（脂砚斋评石头记：想这一个姑娘，非下称上之姑娘也。按北俗以姑母曰姑姑，南俗曰姑娘。此定是姑姑、姑娘之称。每见大家有小童，称少主妾曰姑姑、姑娘者。按此书中若干人说话语气及动用前饮食诸类，皆东南西北互相兼用，此姑娘之称，亦南北相兼而用者无疑矣。）平儿问："又说什么？"那小厮笑道："这会子也好早晚了，我妈病了，等着我去请大夫。好姑娘，我讨半日假可使得？"（第三十九回　村姥姥是信口开河　情哥哥偏寻根究底）

《红楼梦》2：赖大的母亲忙站起来笑说道："这可反了！我替二位太太生气。在那边是儿子媳妇，在这边是内侄女儿，倒不向着婆婆姑娘，倒向着别人。这儿媳妇成了陌路人，内侄女儿竟成了个外侄女儿了。"说的贾母与众人都大笑起来了。（第四十三回　闲取乐偶攒金庆寿　不了情暂撮土为香）

《红楼梦》3：一语未了，他姑娘果然拄了拐走来。莺儿春燕等忙让坐。（第五十九回　柳叶渚边嗔莺咤燕　绛云轩里

召将飞符）

《红楼梦》4：急的贾蓉跪在地下碰头，只求："姑娘婶子息怒。"（第六十八回　苦尤娘赚入大观园　酸凤姐大闹宁国府）

延庆话：今天是我姑娘 80 岁大寿，无论如何我得参加。

瓜　搭

释义：因不高兴而瞬间板起脸。

《醒世姻缘传》第五十九回：素姐正喜喜欢欢的，只看见狄婆子，就把脸瓜搭往下一放。

《儿女英雄传》第二十七回：往日那脸一沉就绷住了，此刻只管往下瓜搭。

延庆话：别整天瓜搭个脸，谁也不欠你一分钱。

刮　刺

释义：勾搭，引诱。

《金瓶梅》第四回 1：西门庆刮刺上卖炊饼的武大老婆，每日只在紫石街王婆茶房里坐的。

《金瓶梅》第六十八回 2：爹难得先刮刺上了他娘，不愁媳妇儿不是你的。

延庆话：这家伙，见到漂亮姑娘就千方百计去刮刺。

寡妇失业

释义：失去配偶没有依靠的妇女。

《红楼梦》：贾母忙和李纨道："你寡妇失业的，那里还拉你出这个钱，我替你出了罢。"（第四十三回　闲取乐偶攒金庆寿　不了情暂撮土为香）

延庆话：你们从小就没了爹，是你老娘寡妇失业将你们拉扯大，你们千万别忘了孝顺她老人家呀！

怪刺刺

释义：言行古怪不合常理，惹人注目。"刺刺"是助词，表示加重语气。

《金瓶梅》第十八回：妇人道："好个刁钻的强盗，从几时新兴出来的例儿，怪刺刺教丫头看答着，甚么张致！"

《金瓶梅》第二十五回：娘见我上穿着紫袄，下边借了玉箫的裙子穿着，说道："媳妇子怪刺刺的，甚么样子?"才与了我这匹缎子。

延庆话：她长得漂亮，为人也怪刺刺的，高三那年她住在表姐家，但从没在表姐家吃一顿饭。

怪臊的

释义：非常不好意思，非常没有面子。延庆话也将这个词说成"臊刮刮的"，意思用法一样。

《红楼梦》：薛姨妈道："说起来我也怪臊的，其实老太太这边有什么不知道的。他那里是为这名儿不好，听见说他因为是宝丫头起的，他才有心要改。"（第八十四回　试文字宝玉始提亲　探惊风贾环重结怨）

延庆话：这事说起来怪臊的，这么大年纪还犯低级错误，以后我一定注意。

灌 丧

释义：骂人喝酒之辞。

《红楼梦》1：尤氏笑道："说的你不知是谁！我告诉你说，好容易今儿这一遭，过了后儿，知道还得象今儿这样不得了？趁着尽力灌丧两钟罢。"（第四十四回 变生不测凤姐泼醋 喜出望外平儿理妆）

《红楼梦》2：里面凤姐心中虽不安，面上只管佯不理论，因房中无人，便拉平儿笑道："我昨儿灌丧了酒了，你别愤怨，打了那里，让我瞧瞧。"（第四十四回 变生不测凤姐泼醋 喜出望外平儿理妆）

延庆话：见到老张又烂醉如泥不省人事，他老婆一边帮他脱衣服，一边骂道："天天灌丧天天醉，我怎么瞎了眼嫁了你这么不争气的东西。"

归 着

释义：整理、收拾的意思。

《儿女英雄传》第九回1：张老道："等我把家伙先拣下去，归着归着。"

《儿女英雄传》第十回2：十三妹道："这咱们可就要归着行李了。"

延庆话：古人说"一屋不扫，何以扫天下"，但如今有些人从不归着房屋，家里混乱不堪，外面的事业却干得风生水起。

鬼头儿

释义：比喻机敏的人，多用于关系密切者之间带有玩笑性的批评。

《金瓶梅》第二十回：只不他爹使他行，鬼头儿听人的话儿。

延庆话：妻爷问岳父："你这个鬼头儿，怎么还带着姑爷打麻将呀？"

鬼也怕恶人／鬼怕恶人

释义：形容恶人非常可怕，不要惹怒恶人。

《艾子杂说》：小鬼又曰："前人以履大王，辱莫甚焉，而不行祸；后来之人敬大王者反祸之，何也？"王曰："前人已不信矣，又安祸之？"艾子曰："真是鬼怕恶人也。"

《西游记》：三藏道："你这个呆子。好不晓礼！常言道：鬼也怕恶人哩。"（第三十六回　心猿正处诸缘伏　劈破旁门见月明）

延庆话：延庆有"一物降一物，神鬼怕恶人"之说。

滚　热

释义：物体或者人的身体温度很高，发烫。延庆话将"滚热"读作"gūn rè"，意思用法一样。

《水浒传》：李逵叫讨十个大碗，滚热酒十瓶，做一巡筛，明晃晃点着两枝蜡烛，焰腾腾烧着一炉好香。（第七十三回

黑旋风乔捉鬼　梁山泊双献头）

《西游记》：行者放了国王，近油锅边，叫烧火的添柴，却伸手探了一把，呀！那滚油都冰冷，心中暗想道："我洗时滚热，他洗时却冷。我晓得了，这不知是那个龙王，在此护持他哩。"（第四十六回　外道弄强欺正法　心猿显圣灭诸邪）

《红楼梦》：王夫人道："我的儿，你又吃多了酒，脸上滚热。你还只是揉搓，一会闹上酒来。还不在那里静静的倒一会子呢。"（第二十五回　魇魔法姊弟逢五鬼　红楼梦通灵遇双真）

延庆话：这三九天忒冷，这汤滚热的正好喝。喝完了去睡觉，炕早已经烧得滚热的了。

聒　耳

释义：聒噪，（声音）杂乱刺耳。延庆话一般说聒耳朵，意思用法一样。

《水浒传》：（宋江等）正打从樊楼前过，听得楼上笙簧聒耳，鼓乐喧天，灯火凝眸，游人似蚁。（第七十二回　柴进簪花入禁苑　李逵元宵闹东京）

《西游记》：三藏在马上，遥闻唿喇喇水声聒耳，回头叫："悟空，是那里水响？"（第十五回　蛇盘山诸神暗佑　鹰愁涧意马收缰）

《儒林外史》第三十回：偶一听之，可也；听久了，也觉嘈嘈杂杂，聒耳得紧。

延庆话：楼下装修施工，巨大的电锯声真是聒耳朵，让人头痛欲裂。

过了八达岭，征衣添一领

释义：谓八达岭之北，气候寒冷，要多穿衣服。

朱彝尊《明诗综》："燕人谚：过了八达岭，征衣添一领。"

延庆话："过了八达岭，征衣添一领"，这说明古人早就知道延庆气候比北京城寒冷很多。

过了景

释义：过时了，不中用了。

《儿女英雄传》第一回：至于那入金马、登玉堂，是少年朋友的事业，我过了景了。

延庆话：人过六十退休了，就要知道自己已经过了景，凡事要看得开。

过逾 （guò yú）

释义：过甚，过分。延庆话"过逾"读作"guō yū"，意思用法一样。

《红楼梦》1：他姐姐伏侍了我一场，没个好结果，剩下他妹妹跟着我，吃个双分子不为过逾了。（第三十六回　绣鸳鸯梦兆绛芸轩　识分定情悟梨香院）

《红楼梦》2：平儿看不过，说丫头们："你们就只配没人心的打着骂着使也罢了；一个病人也不知可怜可怜。他虽好性儿，你们也该拿出个样儿来，别太过逾了，墙倒众人推。"（第六十九回　弄小巧用借剑杀人　觉大限吞生金自逝）

延庆话：什么好吃的你都不吃，我看你是享福享过逾了。

H

孩　气

释义：小孩子气十足，十分幼稚不懂事。延庆话读作"孩儿气"（hái ㄦ qì），意思用法一样。

《红楼梦》1：贾母见雪雁甚小，一团孩气……（第三回　贾雨村夤缘复旧职　林黛玉抛父进京都）

《红楼梦》2：藕官听了，终是孩气，怕辱没了没脸，便不肯去。（第五十八回　杏子阴假凤泣虚凰　茜纱窗真情揆痴理）

延庆话：别看他都快三十的人了，还是孩儿气十足，真是"二十八岁未成年"的典型。

害孩子

释义：怀孕时强烈的妊娠反应。

《僧尼共犯》二折：但闻着荤酒气儿，就头疼恶心，恰如害孩子的一般。

《金瓶梅》第五十八回："你家妈妈子不是害病想吃，只怕害孩子坐月子，想定心汤吃。"

延庆话：小时候一听到大人说哪个妇女"害孩子"，我就奇怪：她还没生，咋就开始害孩子呢？

含着骨头露着肉

释义：比喻说话半吞半吐，不把意思完全说出来。

《红楼梦》：你要我收下这个东西，须先和我说明白了。要是这么"含着骨头露着肉"的，我倒不收。（第八十八回 博庭欢宝玉赞孤儿　正家法贾珍鞭悍仆）

《儿女英雄传》第二十三回：列公请想，这桩套头裹脑的事，这段含着骨头露着肉的话，这番扯着耳朵腮颊动的节目，大约除了安老爷合燕北闲人两个心里明镜儿似的，此外就得让说书的还知道个影子了。

延庆话：好朋友就要坦诚相待，有什么说什么，千万别含着骨头露着肉，耍心眼子。

寒　尘

释义：寒酸。

《二十年目睹之怪现状》第七十一回：我只插戴了这一点捞什子，还觉着怪寒尘的。

延庆话：过去由于太贫穷，延庆人进入北京城后，自己都觉得寒尘。

嚎　丧

释义：面对亡人的遗体或灵柩大声哭嚎，也叫哭丧。

《红楼梦》：众人道："这一个更不像样儿了！两个眼睛倒像个活猴儿似的，东溜溜西看看，虽在那里嚎丧，见了奶奶

姑娘们来了，他在孝幔子里头净偷着眼儿瞧人呢。"（第一一
零回　史太君寿终归地府　王凤姐力诎失人心）

延庆话：李大妈平时嗓门大，在灵前嚎丧起来更是惊天
动地，引人注目。

好　人

释义：身体健康的人。

《红楼梦》：贾政原为贾母作主，不敢违拗，不信冲喜之
说。那知今日宝玉居然像个好人一般，贾政见了倒也喜欢。
（第九十七回　林黛玉焚稿断痴情　薛宝钗出闺成大礼）

延庆话：腊月山里风硬，好人都扛不住，何况你还是个
病人。

好说不好听

释义：某些事情容易说，但传出去不体面，容易让人
误解。

《红楼梦》："时常我劝你，别为我们得罪人，你只顾一时
为我们那样，他们都记在心里，遇着坎儿，说的好说不好听，
大家什么意思。"（第二十回　王熙凤正言弹妒意　林黛玉俏
语谑娇音）

延庆话：有些事好说不好听，大家最好努力规避。

盒　子

释义：一种面食，扁圆形，里边有馅，对折捏出花边儿，

多用来煎烙。

《儿女英雄传》第二十九回：舅太太道："我不坐了，我那里给你们烙的滚热的盒子，我才叫人给褚大姑奶奶合那两位少奶奶送过去了。咱们娘儿们一块儿吃，我给你们作个'和合会'。"

延庆话：家里捏饺子时，到最后馅多皮少时，母亲经常将它们做成盒子，放在饼铛上烙一烙。

黑家白日

释义：不分昼夜，整天整夜，常形容没有时间节制。

《红楼梦》1：又听袭人叹道："姊妹们和气也有个分寸礼节，也没个黑家白日闹的！凭人怎么劝，都是耳旁风。"（第二十一回　贤袭人娇嗔箴宝玉　俏平儿软语救贾琏）

《红楼梦》2：鸳鸯只当他和别的女孩子也在此方便，见自己来了，故意藏躲恐吓着要，因便笑叫道："司棋你不快出来，吓着我，我就喊起来当贼拿了。这么大丫头了，没个黑家白日的，只是顽不够。"（第七十一回　嫌隙人有心生嫌隙　鸳鸯女无意遇鸳鸯）

延庆话：老张盖小别墅，西邻李二嫂怕压了自家的风水，于是连续七天不分黑家白日地破口骂老张。老张忍无可忍，一拳头打过去，没想到李二嫂竟因此一命呜呼了。

横不愣子（héng bù lèng zi）

释义：比喻所处的不是正常位置，让人吃惊和害怕。延庆话常将"横不愣子，竖不愣子"连用，意为举止不合常规，让人不舒服。

《儿女英雄传》第三十八回：谁知脚底下横不愣子爬着条浪狗，叫我一脚就造了他爪子上了。

延庆话：年轻人做人做事要守规矩，不要动不动就横不愣子，竖不愣子，让人讨厌。

哼（hèng）

释义：发狠的声音。

《西游记》：（哪吒）哼声："天兵，取下缚妖索，把那些妖精都捆了！"老怪也少不得吃场苦楚。（第八十三回　心猿识得丹头　姹女还归本性）

延庆话：哼！今天的事情不算完，咱们走着瞧！

红头涨脸

释义：头部发红，脸部发胀。

《儿女英雄传》第三十四回1：因要过去先见见父亲，回一句稿子有了，觉得累的红头涨脸的不好过去，便叫华忠进去取了小铜旋子来，湿个手巾擦脸。

《儿女英雄传》第三十五回2：因此从半夜里盼到天亮，还见不着个信儿，就把他急了个红头涨脸。

延庆话：你天天喝猫尿，喝得红头涨脸，你还想上这个班不了？

猴儿拉稀坏肠子

释义：比喻人心地不善或存心不良。

《儿女英雄传》第二十五回：好个小金凤儿！难道连你也要气我，嘚啵嘚啵不成？果然如此，可算你"猴儿拉稀坏肠子"了！

延庆话：你老娘一把屎一把尿把你拉扯这么大，你还动不动就和她发脾气，你小子可真是猴儿拉稀坏肠子了。

喉急/猴急

释义：着急，焦急。也指因发急而要赖皮。

《水浒传》："今日不想输了哥哥的银子，又没得些钱来相请哥哥，喉急了，时下做出这些不直来。"（第三十八回　及时雨会神行太保　黑旋风斗浪里白条）

《警世通言》第二十四卷：王定在傍喉急，又说："他不出来就罢了，莫又去唤。"

《孽海花》第二十二回：郭掌柜还礼不迭道："你别这么猴急，你且坐下，我给你说。"

延庆话：这事喉急，你千万要抓紧时间办。

后　儿

释义：后天。

《红楼梦》1：宝玉道："正是说的到底是那一家的？只听见吵嚷了这半年，今儿又说张家的好，明儿又要李家的，后儿又议论王家的。这些人家的女儿他也不知道造了什么罪了，叫人家好端端的议论。"（第七十九回　薛文龙悔娶河东狮　贾迎春误嫁中山狼）

《红楼梦》2：这里贾母因问凤姐谁说送戏的话，凤姐道："说是舅太爷那边，说后儿日子好，送一班新出的小戏儿给老太太、老爷、太太贺喜。"（第八十五回　贾存周报升郎中任　薛文起复惹放流刑）

延庆话：后儿是国庆节，很多人选择这天结婚，图的就是国与家双喜临门。

后　晌

释义：下午。

《金瓶梅》第三十四回："既如此，等我和他说，你好歹替他上心些，他后晌些来讨回话。"

《醒世姻缘传》第四十回：我赶明日后晌等你。

延庆话：老富可是个大忙人，前晌卖菜，晌午打药，后晌锄地，老爷儿（太阳）落山后晌黑回家时，后头爷（月亮）早升老高了。

后　手

释义：应对未来危机的后续措施。延庆话除与上面相同外，"后手"还指小拇指和无名指，劝人喝酒时要求人多喝一些，称为"后手"高一些。

《红楼梦》：黛玉道："要这样才好，咱们家里也太花费了。我虽不管事，心里每常闲了替你们一算计，出的多进的少，如今若不省俭，必致后手不接。"宝玉笑道："凭他怎么后手不接，也短不了咱们两个人的。"（第六十二回 憨湘云醉眠芍药裀 呆香菱情解石榴裙）

延庆话1：挣多少花多少，过日子不知道留后手，总有抓瞎那一天。

延庆话2：你这人喝酒总是慢半拍，后手高点，赶紧把这杯喝了，别人都等着你呢。

后 眼

释义：比喻全面的防范能力；喻有远见。

《金瓶梅》第二十五回1：趁早不为之计，夜头早晚，人无后眼，只怕暗遭他毒手。

《金瓶梅》第七十七回2：我说此人言过其实、虚浮之甚！早时你有后眼，不然，教调坏了咱家小儿们了。

延庆话：如果我们长着后眼，人生可以避免多少灾难！

冱（hú）

释义：同"冱"。冻；闭塞。

《西游记》：曲沼结棱层，深渊重迭冱。通天阔水更无波，皎洁冰漫如陆路。（第四十八回 魔弄寒风飘大雪 僧思拜佛履层冰）

延庆话：大风降温之后，水面被薄冰冱住了。

胡儿 (húr)

释义：水果的核。

《金瓶梅》第二十五回 1：那个没个娘老子，就是石头狢剌儿里迸出来，也有个窝巢儿，枣胡儿生的也有个仁儿。

《金瓶梅》第六十七回 2：待说是梅苏丸，里面又有胡儿。

延庆话：这家伙太贪婪，是个吃东西不吐胡儿的角色。

忽喇喇 (hū lǎ lǎ)

释义：亦作"忽拉拉"，象声词。

《红楼梦》：忽喇喇似大厦倾，昏惨惨似灯将尽。呀！一场欢喜忽悲辛，叹人世，终难定！（第五回 贾宝玉神游太虚境 警幻仙曲演红楼梦）

延庆话：一阵大风不期而至，忽喇喇将妫川源种菜大棚的塑料布连同在上面的一个工人吹上了天。

胡画拉

释义：同"划拉"。潦草书写，涂抹。

《儿女英雄传》第三十三回：说着，脸又一红，笑道："公公可别笑，这可就是媳妇胡画拉的，实在不像个字。"

延庆话：你这是高考，胡画拉作文必然要扣印象分。

葫芦条儿

释义：将鲜葫芦去皮后切成长条，晒干后成为干菜，使用时先用水泡好煮熟，然后可直接炒菜用。

《红楼梦》：平儿笑道："休说外话，咱们都是自己，我才这样。你放心收了罢，我还和你要东西呢，到年下，你只把你们晒的那个灰条菜干子和豇豆、扁豆、茄子、葫芦条儿各样干菜带些来，我们这里上上下下都爱吃。这个就算了，别的一概不要，别罔费了心。"（第四十二回　蘅芜君兰言解疑癖　潇湘子雅谑补余香）

延庆话：小时候难得一遇的坐席，我最爱吃的延庆特色菜就是肉丝炒葫芦条儿。

胡 掳

释义：1. 抓取，捕捉。2. 归拢，收拾。

《儿女英雄传》第十一回 1：诸事料理完毕，大家趁此胡掳些细软东西。

《儿女英雄传》第二十六回 2：我没法儿了，只得用手一阵胡掳，不想可可儿的把个"不"字儿胡掳了去了。

《儿女英雄传》第三十一回 3：这贼解下腰里的钢鞭，才要动手，不防身后一钩杆子，早被人胡掳住了，按在那里捆了起来。

延庆话：大家一阵手忙脚乱神胡掳，终于将这只跑到屋里的小老鼠抓住了。

胡梦颠倒

释义：多梦而使人睡眠不宁乃至昏乱。

《红楼梦》：麝月道："怪道老太太常嘱咐说，小人屋里不可多有镜子。小人魂不全，有镜子照多了，睡觉惊恐作胡梦。如今倒在大镜子那里安了一张床。有时放下镜套还好，往前去，天热困倦不定，那里想的到放他，比如方才就忘了。自然是先躺下照着影儿顽的，一时合上眼，自然是胡梦颠倒，不然，如何得看着自己叫着自己的名字？不如明儿挪进床来是正经。"（第五十六回　敏探春兴利除宿弊　贤宝钗小惠全大体）

《儿女英雄传》第二十三回：他道："我从不会这么胡梦颠倒！想是你心里有这个念头，我梦里才有这桩奇事。"

延庆话：晚上睡觉前不要打游戏、看惊悚片，小心睡着后胡梦颠倒，第二天没精神。

胡吣（hú qìn）

释义：胡说八道，信口开河。

《红楼梦》：那赵姨娘赶忙从里间出来，握住他的嘴说道："你还只管信口胡吣，还叫人家先要了你的命呢！"娘儿两个吵了一回。（第八十五回　贾存周报升郎中任　薛文起复惹放流刑）

延庆话：你再少天无日地满嘴胡吣，小心我大鼻刮（大耳光）扇歪你的脸。

护　头

释义：小孩害怕理发。

《金瓶梅》第五十二回：月娘道："我说这孩子有些不长俊，护头。自家替他剪剪罢。平白教进来剃，剃的好么!"

延庆话：敏子小时候特别护头，每次给她理发都是父母十分头疼的一件事。

我说这孩子有些不长俊，这么**护头**。

花儿匠

释义：过去裱糊仰棚、制作纸活的手艺人。

《金瓶梅》第四十回 1：教贲四叫将花儿匠来，做几架烟火。

《金瓶梅》第四十一回 2：西门庆在家，看着贲四叫了花儿匠来扎缚烟火，在大厅、卷棚内挂灯，使小厮拿帖儿往王皇亲宅内定下戏子，俱不必细说。

延庆话：庚柱哥是十里八村远近闻名的花儿匠，我们家的仰尘过几年都要请他来糊一次。

花胡哨／花花哨

释义：花言巧语和表面敷衍的行动。

《红楼梦》：这里林黛玉还自立于花阴之下，远远的却向怡红院内望着，只见李宫裁、迎春、探春、惜春并各项人等都向怡红院内去过之后，一起一起的散尽了，只不见凤姐儿来，心里自己盘算道："如何他不来瞧宝玉？便是有事缠住了，他必定也是要来打个花胡哨，讨老太太和太太的好儿才是。今儿这早晚不来，必有原故。"（第三十五回　白玉钏亲尝莲叶羹　黄金莺巧结梅花络）

《蒲松龄集·墙头记》三回："俺嫂子漫会唠，我老实不会叨，谁能弄那花花哨。"

延庆话：你少给我耍花胡哨，你咋想的我还不知道！

花黎胡哨／花丽狐哨／花里胡哨

释义：形容颜色过分鲜艳繁杂，也比喻浮华而不实在。

《金瓶梅》第七十二回：你做奶子行奶子的事，许你在跟前花黎胡哨？

《西游记》：那宫主在里面乱嚷道："我吃甚么药？这里那是我家！我家是清凉瓦屋，不象这个害黄病的房子、花狸狐哨的门扇！放我出去！放我出去！"（第十一回　还受生唐王

遵善果　度孤魂萧瑀正空门）

《儒林外史》第二十九回：见满桌堆着都是选的刻本文章，红笔对的样，花里胡哨的，杜慎卿看了，放在一边。

延庆话：听说大领导要来单位视察，一向眼睛朝上的她开始不动声色花里胡哨打扮起来。

花马吊嘴

释义：耍贫嘴、哄骗人，有"花言巧语"的意思。延庆话也读作"滑马吊嘴"，意思用法一样。

《红楼梦》：尤三姐站在炕上，指贾琏笑道："你不用和我花马吊嘴的，清水下杂面、你吃我看见。"（第六十五回　贾二舍偷娶尤二姨　尤三姐思嫁柳二郎）

《孽海花》第十六回："你倒还想来，别给我花马吊嘴的，妹妹记着前事，正在这里恨你呢！"

延庆话：小六子游手好闲，愣是靠着花马吊嘴骗来了一个漂亮媳妇。

花　哨

释义：指装饰鲜艳夺目。

《金瓶梅》第二十三回 1：昨日和西门庆勾搭上了，越发在人前花哨起来，常和众人打牙犯嘴，全无忌惮。

《金瓶梅》第五十八回 2：玉楼道："你还没曾见哩——今日早晨起来，打发他爹往前边去了，在院子里呼张唤李的，便那等花哨起来。"

延庆话：集市上的彩灯真是花哨，我看得目不暇接。

滑擦擦

释义：很光滑的样子。

《香囊怨》第一折：留着你财物作经商盐货图些利，休送入滑擦擦琉璃井底。

延庆话：下雪之后又降温，路上滑擦擦的，走路千万小心。

滑圪藖 (huá gē jī)

释义：非常湿滑的样子。

《西游记》：那怪就都摸鱼，赶上拿他不住：东边摸，忽的又渍了西去；西边摸，忽的又渍了东去；滑圪藖的，只在那腿裆里乱钻。（第七十二回　盘丝洞七情迷本　濯垢泉八戒忘形）

延庆话：跳进温泉池变成鲶鱼精，用滑圪藖的身躯在七个蜘蛛精中间钻来钻去，猪八戒好色本质显漏无疑。

滑菑菑 (huá jī jī)

释义：形容又滑又潮湿。

《金瓶梅》第五十二回：不想敬济有心，一眼睃见，便悄悄跟来，在背后说道："五娘，你老人家寻甚么？这草地上滑菑菑的，只怕跌了你，教儿子心疼。"

延庆话：夜雨过后，路上滑菑菑的，走路别玩手机了，小心栽个大马趴。

话　把

释义：话柄。

《三宝太监西洋记》第十六回：世上那里有这许多的天星，只怕明日征西洋有些做话把。

《初刻拍案惊奇》卷二十：那婆子自做了这些话把，被媳妇每每冲着，虚心病了，自没意思。

延庆话：老卓本来谨小慎微，没想到还是成了单位的话把。

话　头

释义：1. 佛教禅宗和尚用来启发问题的现成语句。往往拈取一句成语或古语加以参究。2. 文人常借以泛指启发问题的话语。3. 说话的头绪。4. 犹话语、话题。5. 话柄，谈论的资料。

《水浒传》：施恩见不是话头，便取十来两银子，送与他两个公人。（第二十九回　施恩三入死囚牢　武松大闹飞云浦）

《红楼梦》1：雨村看了，因想道："这两句话，文虽浅近，其意则深。我也曾游过些名山大刹，倒不曾见过这话头。其中想必有个翻过筋斗来的亦未可知，何不进去试试。"（第二回　贾夫人仙逝扬州城　冷子兴演说荣国府）

《红楼梦》2：门上听他话头来得硬，说道："你到底略给我瞧一瞧，我好给你回去。"（第九十五回　因讹成实元妃薨逝　以假混真宝玉疯颠）

《红楼梦》3：惜春道："这也瞧罢咧。"彩屏等听这话头不好，便使个眼色儿给姑子，叫他走。（第一一五回　惑偏私惜春矢素志　证同类宝玉失相知）

《红楼梦》4：贾宝玉听这话头又近了禄蠹的旧套，想话回答。（第一一五回　惑偏私惜春矢素志　证同类宝玉失相知）

延庆话：一听话头不对，老万连忙把话岔开。

坏了醋了

释义：比喻把事情搞糟了。

《儿女英雄传》第三十回：这话要搁在第二个人家儿的同房姊妹，也说不得，必弄到这个疑那个取巧，那个疑这个卖乖，倒坏了醋了。

延庆话：老赵说话语言生动，形容事情办砸时，最爱用的词语就是："哎哟，又坏了醋了。"

黄皮寡瘦

释义：形容面黄肌瘦的样子。

《金瓶梅》第七十二回：想着一来时，饿答的个脸，黄皮寡瘦的，乞乞缩缩那个腔儿！

延庆话：小时候还能见到黄皮寡瘦的人，不知道什么是糖尿病人。如今黄皮寡瘦的人见不到了，身边到处都是营养过剩的糖尿病人。

恍 荡

释义：人或物左右前后摇摆不定。

《红楼梦》：那妙玉忽想起日间宝玉之言，不觉一阵心跳耳热。自己连忙收摄心神走进禅房，仍到禅床上坐了。怎奈神不守舍，一时如万马奔驰，觉得禅床便恍荡起来，身子已不在庵中。（第八十七回　感深秋抚琴悲往事　坐禅寂走火入邪魔）

延庆话：上课就老老实实坐着，别老是恍荡，让人看着头晕。

恍恍荡荡

释义：意思与"恍荡"相似，指人或物左右前后摇摆不定，但程度更为强烈。

《红楼梦》：只见黛玉颜色雪白，身子恍恍荡荡的，眼睛也直直的，在那里东转西转。（第九十六回　瞒消息凤姐设奇谋　泄机关颦儿迷本性）

延庆话：汽车走上这条坑坑洼洼的砂石路，好像喝醉了一样，恍恍荡荡地打起摆子来。

恍恍惚惚/恍恍忽忽

释义：神志不清、迷惘的状态。

《红楼梦》1：宝玉恍恍惚惚，不觉弃了卷册，又随了警幻来至后面。（第五回　贾宝玉神游太虚境　警幻仙曲演红楼

梦）

《红楼梦》2：凤姐心中疑惑，心里想着必是那一房里的丫头，便问："是谁?"问了两声，并没有人出来，已经吓得神魂飘荡。恍恍忽忽的似乎背后有人说道："婶娘连我也不认得了?"（第一零一回　大观园月夜感幽魂　散花寺神签惊异兆）

《红楼梦》3：士隐说着拂袖而起，雨村心中恍恍惚惚，就在这急流津觉迷渡口草庵中睡着了。（第一二零回　甄士隐详说太虚情　贾雨村归结红楼梦）

延庆话：在梦里，我多次恍恍惚惚看到早已去世的老母亲还住在家里的老房子里等我们回家吃饭。

回　炉

释义：比喻重复过去已做过的事情。

《西游记》：小龙道："我挣得动便怎的?"八戒道："你挣得动，便挣下海去罢。把行李等老猪挑去高老庄上，回炉做女婿去呀。"（第三十回　邪魔侵正法　意马忆心猿）

延庆话：你要不好好劳动改造重新做人，那就回炉到监狱吧。

活泛/活泛气儿/ 活变

释义：1. 灵活。2. 方便。3. 机灵。

《水浒传》：智深正使得活泛，只见墙外一个官人看见，喝采道："端的使得好!"（第七回　花和尚倒拔垂杨柳　豹子头误入白虎堂）

《醒世姻缘传》第十三回："送这差不多五十两银子与你，指望你到官儿面前说句美言，反倒证得死拍拍的，有点活泛气儿哩？"

　　《红楼梦》："论机灵，大不似以前活变了。"（第九十九回守官箴恶奴同破例　阅邸报老舅自担惊）

　　延庆话：老吕做事有板有眼儿，有些人嫌他不活变，他却说"小心驶得万年船"。

J

激

释义：用冷水突然浇淋。延庆话中这个词既对人又对物，例如延庆人把做酸菜叫作"激白菜"（将在开水锅中简单煮了一下的大白菜捞出来，迅速放在凉水冷环境中冷却，然后放在水缸或者水罐中，适当放一点盐再加上凉水，发酵即可食用）。

《红楼梦》：宝玉想道："这时下雨。他这个身子，如何禁得骤雨一激！"（第三十回　宝钗借扇机带双敲　龄官划蔷痴及局外）

延庆话1：三伏天中午实在太闷热，邻居孩子三梁带着汗就跳到水坑洗身子，没想到让凉水一激，晚上他就感冒了，后来竟因此变成了拐子。

延庆话2：延庆人最爱吃的菜之一就是激白菜，冬天激白菜合着粉条炖猪肉，夏天则是激白菜拌粉条。

激聒

释义：1. 谓絮语，烦琐之言。2. 引申谓吵闹、烦扰。

《醒世姻缘传》引起：遇着个不贤之妇，今日要衣裳，明日要首饰，少柴没米，称酱打油，激聒得你眼花撩乱，意扰心烦。

《初刻拍案惊奇》卷三十八 1：引孙当不起激聒，刘员外也怕淘气，私下周给些钱钞，叫引孙自寻个住处，做营生去。

《初刻拍案惊奇》卷二十六 2：话说四川成都府汉川县有一个庄农人家，姓井名庆，有妻杜氏，生得有些姿色，颇慕风情，嫌着丈夫粗蠢，不甚相投，每日寻是寻非的激聒。

延庆话：小任不堪媳妇整天没完没了地激聒，干脆调到北京市区工作了，没想到夫妻关系一下子缓和如新婚了。

咭聒（jī guō）/咭咭聒聒

释义：叽叽咕咕，不停地唠叨。

《水浒传》：林冲道："小人在太尉府里折了些便宜，前日方才吃棒，棒疮举发，这般炎热，上下只得担待一步。"薛霸道："你慢慢地走，休听咭聒。"（第八回　林教头刺配沧州道　鲁智深大闹野猪林）

《醒世姻缘传》第八十八回：依了韦美的念头，有钱的人家，多费了几斗米，倒也不放在心上，禁不得那浑家日逐在耳边咭咭聒聒，疑起心来。

延庆话：天不怕地不怕，就怕老婆乱咭聒。

饥　荒

释义：矛盾、争吵；麻烦、困难、祸患；负债。

《红楼梦》1：这一年来的光景，他为要香菱不能到手，和姨妈打了多少饥荒。（第十六回　贾元春才选凤藻宫　秦鲸卿夭逝黄泉路）

《红楼梦》2：刘姥姥道："见过了，叫我们等着呢。"说着又往窗外看天色说道："天好早晚了，我们也去罢。别出不去城才是饥荒呢。"（第三十九回　村姥姥是信口开河　情哥哥偏寻根究底）

《红楼梦》3：乌进孝道："爷的这地方还算好呢！我兄弟离我那里只一百多里，谁知竟大差了。他现管着那府里八处庄地，比爷这边多着几倍，今年也只这些东西，不过多二三千两银子，也是有饥荒打呢。"（第五十三回　宁国府除夕祭宗祠　荣国府元宵开夜宴）

《红楼梦》4：且说宝玉上学之后，怡红院中甚觉清净，闲暇袭人倒可做些活计。拿着针线要绣个槟榔包儿，想着如今宝玉有了功课，丫头们可也没有饥荒了。（第八十二回　老学究讲义警顽心　病潇湘痴魂惊恶梦）

《红楼梦》5：贾琏不敢违拗，只得叫人料理。手头又短，正在为难，只见一个人跑进来说："二爷不好了，又有饥荒来了！"（第一一五回　惑偏私惜春矢素志　证同类宝玉失相知）

延庆话1：现在当老师很不容易，不管吧对不起良心，管严了学生家长又来学校闹饥荒。

延庆话2：又买楼又买车，小郑享受之余落下了一屁股饥荒。

唧唧咕咕

释义：同"咕咕唧唧"，低语；低语声。

《红楼梦》1：我送下东西出来时，悄悄的问小红说，刚才二奶奶从老太太屋里回来，不似往日欢天喜地的，叫了平儿去唧唧咕咕的不知说了些什么。（第六十七回　见土仪颦卿

思故里　闻秘事凤姐讯家童)

《红楼梦》2：不像宝二爷，娶了亲的人还是那么孩子气，这几日跟着老爷跪着，瞧他很不受用，巴不得老爷一动身就跑过来找二奶奶，不知唧唧咕咕的说些什么，甚至弄的二奶奶都不理他了。(第一一零回　史太君寿终归地府　王凤姐力诎失人心)

延庆话：有话摆在桌面上，不要在下面唧唧咕咕开小会。

咭咭呱呱/唧唧呱呱

释义：说话声很大很嘈杂很开心的意思。

《红楼梦》1：宝玉笑说："走乏了。"便歪在床上。方吃了半盏茶，只听外面咭咭呱呱一群丫头笑了进来。(第六十二回　憨湘云醉眠芍药裀　呆香菱情解石榴裙)

《红楼梦》2：宝玉看时，只见贾环贾兰跟着小厮们，两个笑嘻的嘴里咭咭呱呱，不知说些什么，迎头来了。(第八十七回　感深秋抚琴悲往事　坐禅寂走火入邪魔)

《镜花缘》第二十六回：见了一群人，生得面如黑墨，形似狝猴，都向唐敖唧唧呱呱，不知说些甚么。

延庆话：这几个女孩从小一块长大，只要碰在一起，就咭咭呱呱有说不完的话。

鸡力谷碌

释义：象声词，形容别人听不清楚或听不懂的说话声。

《醒世姻缘传》第九十四回：一伙把大门的皂隶拥将上来，盘诘拦阻，鸡力谷碌，打起四川的乡谈，素姐、小浓袋一些也不能懂得。

延庆话：小苑是南方人，他和同乡用安徽话鸡力谷碌交谈，我一句也听不懂。

咕溜咕噜

释义：东西或人在地上乱滚发出的声音。延庆话除了有上面意思外，还有说话快含混不清或者饥饿时肚子发出的响声。

《红楼梦》：一语未了，只听得屋内咕溜咕噜的乱响，不知是何物撒了一地。（第六十四回　幽淑女悲题五美吟　浪荡子情遗九龙佩）

延庆话：二傻从山坡上咕溜咕噜滚下来掉到一个大坑里，等他苏醒过来已经是日落西山，他的肚子饿得咕溜咕噜乱响。

机　密

释义：聪明，机灵，明白。

《水浒传》：这个便是梁山泊风流子弟，能干机密的头领"浪子"燕青。（第七十六回　吴加亮布四斗五方旗　宋公明排九宫八卦阵）

延庆话：延庆人喜欢用方言和外地朋友开玩笑：夜黑家后头爷转遭都是帅儿，你瞭机密没有？（昨夜月亮四周都是什么，你看清楚没有？）

急巴巴

释义：形容很急迫。

《冤家债》一折：俺大哥一家无外，急巴巴日夜筹划。

《醒世姻缘传》第十五回：二人急巴巴收拾不迭，行李止装了个褡套，别样不着的衣裳也都丢下了。

延庆话：老威工作十分卖力气，就是干什么都是急巴巴的，让人不好接受。

急波波

释义：急急忙忙。

《金瓶梅》第五十三回：刘婆急波波的，一步高，一步低走来。

延庆话：听说儿子又逃课偷偷去了游戏厅，老路开着车急波波就去寻找。

挤挤擦擦

释义：指物多人多，十分拥挤。延庆话多写为"挤挤插插"，意思用法一样。

《儿女英雄传》第三十六回：一进那大院子里千佛头一般，挤挤擦擦站了一院子人，都扬着脑袋向那乾清门上望着。

延庆话：往年夏季妫川广场挤挤插插到处都是人，今年广场上冷冷清清。

挤眉多梭眼

释义：不断眨眼，向人示意，引人关注。

《蒲松龄集·慈悲曲》二段：死囚牢徒白着两根老贼毛，挤眉多梭眼，要把孩子唠，他又会弄那小老婆调。

延庆话：见到对面的美女不断向他挤眉多梭眼，他一时想不明白是怎么回事。等美女走了，他的钱包也不翼而飞了。

鲫瓜儿

释义：鲫鱼。

《红楼梦》：垂下去一会儿，见苇片直沉下去，急忙提起来，倒是一个二寸长的鲫瓜儿。（第八十一回　占旺相四美钓游鱼　奉严词两番入家塾）

延庆话：鲫瓜儿虽然好吃，但是刺太多，所以必须炸透或者焖烂。

家雀儿（jiā qiǎor）

释义：麻雀。

《红楼梦》：正要朦胧睡去，听得竹枝上不知有多少家雀儿的声儿，啾啾唧唧叫个不住。（第八十二回　老学究讲义警顽心　病潇湘痴魂惊恶梦）

延庆话：老父亲生前经常教育我们：做人一定要真正认识自己的长短，不要家雀儿跟着夜猫子飞——吃食的吃食，熬眼的熬眼。

不知有多少**家雀儿**的声儿，啾啾唧唧叫个不住。

家有千口，主事一人

释义：家里人再多，做主的只有一人。

《廿载繁华梦》第十二回：家有千口，主事一人。家内人没了，不告太太还告谁去？

延庆话：很多单位、很多家庭之所以不和谐，是因为想拍板的人太多，忘记了"家有千口，主事一人"的古训。

夹被窝

释义：只有被里被面、没有棉絮的被子。

《恨海》第三回：（棣华）不觉情张起来，抖了一床夹被窝，轻轻同他盖上，自家守在旁边。

延庆话：以前很多家庭的棉被窝和夹被窝都是一式两用，

冬天絮上棉花就是棉被窝，夏天拿出棉花就是夹被窝。

假撇清

释义：意指当面假装正经、清白或本分，而背地里却专干见不得人的事情。

《金瓶梅》第二十一回：金莲接说道："……又没人劝，自家暗里又和汉子好了。硬到底才好，干净假撇清！"玉楼道："也不是假撇清，他有心也要和，只是不好说出来的……"

《红楼梦》：麝月道："二爷上学去了，你又该咕嘟着嘴想着，巴不得二爷早一刻儿回来，就有说有笑的了。这会儿又假撇清，何苦呢！我都看见了。"（第九十二回 评女传巧姐慕贤良 玩母珠贾政参聚散）

延庆话：老黎是个著名的假撇清，平时总说不愿与领导打交道，可是一旦和领导一起喝酒，他每次都是喝得不省人事才罢休。

搛（jiān）

释义：（用筷子）夹，如搛菜、搛点心。

《红楼梦》1：凤姐笑道："姥姥要吃什么，说出名儿来，我搛了喂你。"（第四十一回 栊翠庵茶品梅花雪 怡红院劫遇母蝗虫）

《红楼梦》2：贾母笑道："你把茄鲞（xiǎng）搛些喂他。"凤姐儿听说，依言搛些茄鲞送入刘姥姥口中……（第四十一回 栊翠庵茶品梅花雪 怡红院劫遇母蝗虫）

延庆话：岳母是个很讲礼仪的人，每次到她家吃饭，她都不厌其烦地劝我搛菜。

见怪不怪，其怪自败

释义：发现怪事怪物不要惊慌，它自然就会消失了。

《红楼梦》：贾政道："见怪不怪，其怪自败。不用砍他，随他去就是了。"（第九十四回　宴海棠贾母赏花妖　失宝玉通灵知奇祸）

延庆话：我老娘生前总教育我们：信神有神在，不信无妨碍。对于那些稀奇古怪的事情不要害怕，见怪不怪，其怪自败。

将才（jiāng cái）

释义：指刚刚。

《儿女英雄传》第四回：跑堂儿的见这个样子，说："你老不用说了，我明白了。想来是将才串店的这几个姑娘儿，不入你老的眼，要外叫两个。"

延庆话：付师傅该说"刚才"的时候，一定说成"将才"。

将将（jiāng jiāng）

释义：刚刚，恰好。

《老残游记》第十八回："做十二斤，就将将的不多不少吗？"

延庆话：大宇福星高照，高考时他将将落在一本录取线上。

强（jiàng）

释义：固执，强硬不屈。

《水浒传》：又有众囚徒走拢来说道："好汉，你和他强了，少间苦也！他如今去和管营相公说了，必然害你性命！"（第二十七回　武松威镇安平寨　施恩义夺快活林）

《红楼梦》1：李贵等只得好劝金荣说："原是你起的端，你不这样，怎得了局。"金荣强不过，只得与秦钟作了一个揖。（第九回　恋风流情友入家塾　起嫌疑顽童闹学堂）

《红楼梦》2：宝玉拉了秦钟出来道："你可还和我强？"秦钟笑道："好人，你只别嚷的众人知道，你要怎样，我都依你。"（第十五回　王凤姐弄权铁槛寺　秦鲸卿得趣馒头庵）

延庆话：这孩子学习还行，就是脾气太强，吃了很多亏也不长记性。

娇　客

释义：娇贵的人，女婿。

《水浒传》：只见众小喽罗齐声贺道："帽儿光光，今夜做个新郎；衣衫窄窄，今夜做个娇客。"（第四回　小霸王醉入销金帐　花和尚大闹桃花村）

《金瓶梅》第八十六回：这敬济眼瞅着傅伙计，骂道："老贼狗，怎的说我散话！揭跳我醉了，吃了你家酒来？我不才是他家女婿娇客，你无故只是他家行财，你也挤撮我起来！"

延庆话：丈母娘疼女婿，怕闺女受委屈。姑爷是娇客，怠慢不得。

嚼蛆

释义：骂人胡说，瞎说。也指语言不清，或谴责人妄言多嘴。

《红楼梦》：黛玉啐道："你这几天还不乏，趁这会子不歇一歇，还嚼什么蛆。"紫鹃笑道："倒不是白嚼蛆，我倒是一片真心为姑娘。"（第五十七回　慧紫鹃情辞试忙玉　慈姨妈爱语慰痴颦）

《金瓶梅》第七十二回：但往那里回来，就望着他那影作个揖，口里一似嚼蛆的，不知说些甚么。

延庆话：你再瞎嚼蛆，小心有人告诉领导，让你吃不了兜着走。

脚后跟打着脑杓（sháo）子

释义：形容飞快地跑。延庆话也作"脚后跟打着后脑杓子"，意思用法一样。

《水浒传》：众人笑道："你莫不见鬼？背后那得人。"轿夫方才敢回头，看了道："哎也！是我走的慌了，脚后跟只打着脑杓子。"（第三十二回　武行者醉打孔亮　锦毛虎义释宋江）

延庆话：看到一条大狗迎面扑来，吓得他转身就跑，脚后跟几乎打着脑杓子了。

搅过/搅裹

释义：日常的吃穿用度。

《红楼梦》：那婆子听如此说，自不舍得出去，便又泪流满面，央告袭人等说："好容易我进来了，况且我是寡妇，家里没人，正好一心无挂的在里头伏侍姑娘们。姑娘们也便宜，我家里也省些搅过。我这一去，又要自己生火过活，将来不免又没了过活。"（第五十九回　柳叶渚边嗔莺咤燕　绛云轩里召将飞符）

《醒世姻缘传》第六十八回：叫我找入十两银子，一切搅裹都使不尽，还有五两银子分哩；要不骑雇的驴，还坐八钱银子给咱。

延庆话：你爹你妈都是老实巴交的农民，你整天和有钱人的孩子比吃比穿，家里那点钱哪还够你搅过！

褯子 (jiè zi)

释义：婴儿的尿布。

《儿女英雄传》第十九回：从你裹着褯子的时候，我抱也不止抱过一次。

延庆话：老婆经常挂在嘴边的一句话：可着屁股裁褯子，有多少钱办多少事。

尽让 (jǐn ràng)

释义：照顾、谦让他人的意思。延庆话这个词读作"jǐn

zhàng",意思用法一样。

《红楼梦》1：在这些姊妹跟前，以至于大小的丫头跟前，他最有尽让，又恐怕得罪了人，那是再不得有人恼他的。（第七十八回　老学士闲徵姽婳词　痴公子杜撰芙蓉诔）

《红楼梦》2：薛蟠本是个怜新弃旧的人，且是有酒胆无饭力的，如今得了这样一个妻子，正在新鲜兴头上，凡事未免尽让他些。（第七十九回　薛文龙悔娶河东狮　贾迎春误嫁中山狼）

延庆话：外面吃饭时，别总低头吃，要学会尽让别人。

尽着（jǐn zhe）

释义：1. 尽量满足，用尽全力。2. 总是，经常。3. 按照一定条件去做。4. 忙着。5. 尽管，饶。

《红楼梦》1：有一日老太太高兴了，又尽着他吃，什么日子又不许他吃，我是白赔在里头挨骂。（第八回　比通灵金莺微露意　探宝钗黛玉半含酸）

《红楼梦》2：贾母笑道："我想着咱们也学那小家子，大家凑分子，多少尽着这钱去办，你道好顽不好顽？"（第四十三回　闲取乐偶攒金庆寿　不了情暂撮土为香）

《红楼梦》3：紫鹃道："姑娘你还没睡着么？又咳嗽起来了，想是着了风了。这会儿窗户纸发清了，也待好亮起来了。歇歇儿罢，养养神，别尽着想长想短的了。"（第八十二回　老学究讲义警顽心　病潇湘痴魂惊恶梦）

《红楼梦》4：李绮道："宝哥哥先钓罢。"说着水面上起了一个泡儿。探春道："不必尽着让了。你看那鱼都在三妹妹那边呢，还是三妹妹快着钓罢。"李绮笑着接了钓竿儿，果然

沉下去就钓了一个。（第八十一回　占旺相四美钓游鱼　奉严词两番入家塾）

《红楼梦》5：又见王夫人说道："你先过去我就去。小孩子家魂儿还不全呢，别叫丫头们大惊小怪的，屋里的猫儿狗儿也叫他们留点神儿。尽着孩子贵气，偏有这些琐碎。"（第八十四回　试文字宝玉始提亲　探惊风贾环重结怨）

《红楼梦》6：五儿道："爷叫的紧，那里有尽着穿衣裳的空儿。要知道说这半天话儿时，我也穿上了。"（第一〇九回　候芳魂五儿承错爱　还孽债迎女返真元）

延庆话：家里吃的穿的用的都尽着你，不就希望你好好学习，将来有个好前程吗？

紧　趁

释义：紧迫，紧急。

《聊斋俚曲集·禳妒咒》第二回：若不是我找的紧趁，他也就忘了书斋。

延庆话：都什么时候了，你还这么磨蹭，再不紧趁点肯定要迟到了。

紧火粥，慢火肉

释义：意思是熬粥要用快火，火慢了容易焦锅；炖肉要用慢火，火快了很难炖烂。

《随园食单》：大抵割肉虽方，以烂到不见锋棱上口，而精肉俱化为妙，全以火候为主。谚云：紧火粥，慢火肉。至哉言乎！

延庆话："紧火粥，慢火肉"，是厨房入门的基本功。

紧　溜

释义：紧要关头。延庆话"紧溜"的意思是"抓紧"。

《红楼梦》：趁着紧溜之中，他出头一料理，众人就把往日咱们的恨暂可解了。（第五十五回　辱亲女愚妾争闲气　欺幼主刁奴蓄险心）

延庆话：天快黑了，大家手头紧溜点，晚上还要看奥运会开幕式呢。

精　湿

释义：完全湿透。

《醒世姻缘传》第三十回：宝光哇出一肚子水，前不巴村，后不巴店，那上半身的富贵，只当做了个春梦。穿了精湿的衣裳，垂首丧气。

延庆话：由于雷阵雨来得突然，我们事先又将雨具放在车上了，因此，在海坨山上我们被淋了个浑身精湿。

井底蛤蟆　没见什么天日

释义：喻眼界狭小。

《醒世姻缘传》第四回：连青州府城门也没得出来走一步，真是井底蛤蟆，没见什么天日。

延庆话：很多人莫名其妙购买了上百斤食盐。我不禁感叹：真是井底蛤蟆，没见什么天日。

净

释义：总是。

《红楼梦》1：袭人道："你不吃饭，喝一口粥儿罢。别净饿着，看仔细饿上虚火来，那又是我们的累赘了。"（第八十九回　人亡物在公子填词　蛇影杯弓颦卿绝粒）

《红楼梦》2：众人道："怨不得我们听见外头男人抱怨说：'这么件大事，咱们一点摸不着，净当苦差！'叫人怎么能齐心呢？"（第一一零回　史太君寿终归地府　王凤姐力拙失人心）

延庆话：你别净拣好听的话说，拿出实际行动我才信你。

揪折（jiū shé）

释义：用手抓住将其扯断。

《儿女英雄传》第三十三回：这个当儿，针是弄丢了一枚了，线是揪折了两条了。

延庆话：两个大汉争夺一条皮带，最后硬是把皮带揪折了。

久赌无胜家

释义：长期赌博，没有赢的。

《三侠五义》第九十四回："俗话说的好，久赌无胜家。大哥劝你的好话，你还不听说，拿话堵他；所以他才着急，说出那绝情的话来。"

延庆话：麻将本是娱乐项目，但有些人痴迷于赌博，忘记了久赌无胜家、十赌九输的道理。

就带着/就着

释义：于是，顺便，捎带着。

《醒世姻缘传》第二十五回1：过了几日，薛教授央狄员外陪了拜那明水镇的人家，就带着寻看房子。

《醒世姻缘传》第三十回2：今日就是个极好的黄道日子，你趁着在这里，就着拣出来叫人抬了去省事。

延庆话1：就着过年，你们也把婚事办了吧。

延庆话2：你开车去北京，就带着给我捎点东西吧。

拘

释义：通过法术或者咒语将其他人或物召集起来。

《西游记》：土地婆儿道："老儿，你转怎的？好道是羊儿风发了！"土地道："你不知！你不知！有一个齐天大圣来了，我不曾接他，他那里拘我哩。"（第七十二回　盘丝洞七情迷本　濯垢泉八戒忘形）

延庆话：相传民间奇人异士能够将小鬼拘来为自己干活，也有人能拘来老鼠和刺猬进行玩耍。

捌（juē）

释义：捌断，折断的意思。

《水浒传》：（鲁智深）跳上台基，把栅刺子只一拨，却似捌葱般拔开了。（第四回　赵员外重修文殊院　鲁智深大闹五台山）

延庆话：没想到这个木头已经朽了，我还没有用力捌，它已经"喀吧"一声断了。

撅巴棍子

释义：也作"倔吧棍子"，"撅巴"是硬的意思，"撅巴棍子"指言语粗鲁、率直的人。

《儿女英雄传》第七回：那妇人道："亲香点儿倒不好？我今儿怎么碰见你们姐儿们，都是这么撅巴棍子似的呢！"

延庆话："老豹子"是个撅巴棍子，一般人很难和他相处。

撅了/撅折（juē shé）

释义：折断的意思。

《水浒传》：智深见了，大吼一声；别无器械，抢入僧堂里，佛面前推翻供桌。撅了两条桌脚，从堂里打将出来。（第三回　赵员外重修文殊院　鲁智深大闹五台山）

《红楼梦》：（贾琏）口内笑道："小蹄子，你不趁早拿出来，我把你膀子撅折了。"（第二十一回　贤袭人娇嗔箴宝玉　俏平儿软语救贾琏）

延庆话：这小子力大无穷，茶盅粗的棍子他一使劲就撅折了。

决　烈

释义：生气地扭动身躯。

《金瓶梅》第五十一回：干净是个绵里针、肉里刺的货，还不知背地在汉子跟前架甚么舌儿哩！怪道他昨日决烈的就往前走了。

延庆话：听了领导一顿莫名其妙的批评，小王猛地站起来说道："简直欺人太甚！"说完，决烈着身子离开会场。

K

砍的不如旋的圆

释义：生硬勉强去做，不如按照规矩程序去做效果好。

《歧路灯》第一回：砍的不如旋的圆，放着现成不吃，却去等着另做饭？

延庆话：为人处世要因势利导顺势而为，须知"砍的不如旋的圆"。

磕　打

释义：1. 碰打，摔打。2. 挫折，侵害。

《醒世姻缘传》第七十六回：狄员外虽因狄希陈已回，病觉略有转头，毕竟有了年纪的人，不禁磕打，几场气，病势入了膝理，不过挨日子而已。

延庆话：年轻人不经过几场磕打和挫折，是不能真正成长起来的。

磕头礼拜

释义：叩头行礼。

《西游记》1：一家子，妻妾大小，不分老幼内外，都出

来磕头礼拜，只请救孩儿性命。（第四十七回　圣僧夜阻通天水　金木垂慈救小童）

《西游记》2：走出门，又见有金刚众圣与天王父子，慌忙跪在地下，磕头礼拜道："望菩萨饶我夫妻之命，愿将此扇奉承孙叔叔成功去也！"（第六十一回　猪八戒助力败魔王孙行者三调芭蕉扇）

《儒林外史》第三十二回：杜少卿道："呸！我当你说甚么话，原来是这个事！也要大惊小怪，磕头礼拜的，甚么要紧？我明日就把银子送来与你。"

延庆话：看到老部下来看望自己，老孟很高兴："咱们都是老同事，犯不着磕头礼拜地讲那么些规矩。"

磕头碰脑/磕头撞脑

释义：犹言到处都能碰到；形容人多互相挤碰。

《东堂老》三折：我往常但出门，磕头撞脑的都是我那朋友兄弟，今日见我穷了，见了我的都躲去了。

《醒世姻缘传》第八十三回：骆校尉道："这有何难？放着相大爷一个名进士，磕头碰脑，满路都是同年，这有甚么难处！"

延庆话：老三是个自来熟，磕头撞脑到处都能碰见熟人。

可　脚

释义：合脚。

《醒世姻缘传》第三十五回：屠户悄悄的穿了衣裳，着了可脚的鞋，拿了那打猪的挺杖。

延庆话：鞋子可脚不可脚，只有脚知道。

可　可

释义：恰巧，不迟不早，正好赶上。

《西游记》1：悟空近前，舒开手，一把挝起，对众笑道："物各有主。这宝贝镇于海藏中，也不知几千百年，可可的今岁放光。龙王只认做是块黑铁，又唤做天河镇底神珍。"（第三回　四海千山皆拱伏　九幽十类尽除名）

《西游记》2：行者笑道："我与师父只走至十字街彩楼之下，可可的被当朝公主抛绣球打中了师父，师父被些宫娥、彩女、太监推拥至楼前，同公主坐辇入朝，招为驸马，此非喜而何？"（第九十三回　给孤园问古谈因　天竺国朝王遇偶）

《金瓶梅》第二十八回1：妇人道："怪奴才！可可儿的来想起一件事来，我要说，又忘了。"

《金瓶梅》第二十八回2：六娘叫门，我不替他开？可可儿的就放进人来了？你抱着娘的铺盖就不经心瞧瞧，还敢说嘴儿！

延庆话：真是无巧不成书，就在单位领导出差那几天，上级领导可可儿地"微服私访"来了。

可惜了的

释义：十分可惜的意思。

《红楼梦》1：太太看了，只说可惜了的，叫我仔细穿别糟踏了他。（第五十二回　俏平儿情掩虾须镯　勇晴雯病补雀金裘）

148

《红楼梦》2：故此摆酒请客的费事，明堂正道的与他作了妾。过了没半月，也看的马棚风一般了，我倒心里可惜了的。（第十六回　贾元春才选凤藻宫　秦鲸卿夭逝黄泉路）

延庆话：一锅嫩羊肉愣是让粗心的老婆给炖糊了，真是太可惜了的。

可　着

释义：在某个范围不增减来做事情。

《红楼梦》：鸳鸯道："如今都是可着头做帽子了，要一点儿富余也不能的。"王夫人忙回道："这一二年旱涝不定，田上的米都不能按数交了。这几样细米更艰难了，所以都可着吃的多少关去，生恐一时短了，买的不顺口。"（第七十五回　开夜宴异兆发悲音　赏中秋新词得佳谶）

延庆话：可着屁股裁裤子，不就是将就下材料吗？

空口讲白话/空口说白话

释义：形容光说不做，或只是嘴说而没有事实证明。

《醒世恒言》第三十五卷：我只道本利已在手了，原来还是空口说白话，眼饱肚中饥。

《黄绣球》第十二回：若要修起行来，包管要修出点实际，不是空口讲白话，什么上西天做菩萨，叫人看不见的。

延庆话：老百姓最反感的就是空口说白话，只有实实在在为他们做实事，才能得到他们的真心拥护。

空着头/控着头

释义：头部朝下没有依靠，时间长了容易头晕。

《红楼梦》：宝玉进来，只见地下一个丫头吹熨斗，炕上两个丫头打粉线，黛玉弯着腰拿着剪子裁什么呢。宝玉走进来笑道："哦，这是作什么呢？才吃了饭，这么空着头一会子又头疼了。"（第二十八回　蒋玉菡情赠茜香罗　薛宝钗羞笼红麝串）

《金瓶梅》第六十七回：一面说话，一面看着西门庆，因问："你的眼怎生揉的怎红红的？"西门庆道："想是我控着头睡来。"

延庆话：不是每个人都适合练习倒立的，有人空着头时间长了就头晕目眩。

抠　搂

释义：眼窝凹陷的样子，亦作"眍䁖"。延庆话还引申为物体深陷的样子，比如延庆人管莜面窝窝叫莜面抠搂。

《红楼梦》："小祖宗！你只管睡罢。再熬上半夜明儿把眼睛抠搂了，怎么处？"（第五十二回　俏平儿情掩虾须镯　勇晴雯病补雀金裘）

延庆话：一场大病之后，他瘦得大眼抠搂。

口　外

释义：长城以北地区，主要包括张家口以北的河北省北部和内蒙古中部。因长城关隘多称口，如古北口、张家口，故称为"口外"。

《金瓶梅》第二十回：小玉又说道："昨日朝廷差四个夜不收，请你往口外和番，端的有这话么？"

《勘头巾》（四折）："赵令史枉法成狱，杖百，流口外为民。"

延庆话1：王二楼下口外——去的急回来的快。（延庆歇后语）

延庆话2：口外的镰刀——揽得宽。（延庆歇后语）

侉（kuǎ）

释义：口音与本地语音不合，怪异。

《儿女英雄传》第十二回：听他说话虽带点外路水音儿，却不侉不怯，安太太心里先有几分愿意。

延庆话：改革开放之前，人们活动空间狭窄，每当谁家外地来了一个亲戚，当地人往往模仿他的口音，说人家是"侉子"。

蒯（kuǎi）

释义：用手指挠痒。

《西游记》：那行者乘此机会，一毂辘钻入咽喉之下，等不得好歹，就弄手脚抓肠蒯腹，翻根头，竖蜻蜓，任他在里面摆布。那妖精疼得傈牙倈嘴……（第六十六回 诸神遭毒手 弥勒缚妖魔）

《醒世姻缘传》第三十二回1：夏驿丞说："咱不打就别

打，咱既是打了，就捌他两捌，他也只说咱打来。咱不如就象模样的打他两下子罢!"喝着数打到五板。

《醒世姻缘传》第七十一回2：我绰着经儿，只望着他那痒处替他捌。他一时自在起来，免了这三百两不叫咱赔，又宽了两个月限。

延庆话：奶奶对孙子说："你哪儿痒痒，奶奶给你捌一下。"

快刀切豆腐，两面光

释义：比喻处事两面讨好。

《活地狱》第三十六回：在黄大老爷这样一做，算是快刀切豆腐，两面光，上司也敷衍了，同寅也瞒过了。

延庆话："快刀切豆腐，两面光"，这绝对需要一定的处事经验。

快　性

释义：1. 性情中人。2. 性情爽快、豪爽等。3. 行动利落。

《水浒传》1：宋江是个快性的人，吃那婆子缠不过，便道："你放了手，我去便了。"（第二十一回　虔婆醉打唐牛儿　宋江怒杀阎婆惜）

《水浒传》2：那妇人道："怎地这般颠倒说！常言道：人无刚骨，安身不牢。奴家平生快性，看不得这般三答不回头，四答和身转的人。"（第二十四回　王婆贪贿说风情　郓哥不忿闹茶肆）

《醒世姻缘传》第五十五回：这生帐子货，咱可不知他的手段快性不快性。

延庆话：快性人虽然容易得罪人，但朋友也很多。

款　款

释义：慢慢，缓缓，悄悄，轻轻。

《水浒传》1：史进轻舒猿臂，款扭狼腰，只一挟，把陈达轻轻摘离了嵌花鞍，款款揪住了线搭膊，只一丢，丢落地，那匹战马拨风也似去了。（第一回　王教头私走延安府　九纹龙大闹史家村）

《水浒传》2：时迁就便学老鼠厮打，溜将下来。悄悄地开了楼门，款款地背着皮匣，下得胡梯，从里面直开到外门，来到班门口。（第五十六回　吴用使时迁盗甲　汤隆赚徐宁上山）

《红楼梦》1：于是众奶母伏侍宝玉卧好，款款散了，只留袭人、媚人、晴雯，麝月四个丫鬟为伴。（第五回　游幻境指迷十二钗　饮仙醪曲演红楼）

《红楼梦》2：闻人报："大爷进来了。"唬的众婆娘唿的一声，往后藏之不迭，独凤姐款款站了起来。（第十三回　秦可卿死封龙禁尉　王熙凤协理宁国府）

《红楼梦》3：凤姐出至厅前，上了车，前面打了一对明角灯，大书"荣国府"三个大字，款款来至宁府。（第十四回　林如海捐馆扬州城　贾宝玉路谒北静王）

《红楼梦》4：宝钗见他羞得满脸飞红，满口央告，便不肯再往下追问，因拉他坐下吃茶，款款的告诉他道："你当我是谁，我也是个淘气的。"（第四十二回　蘅芜君兰言解疑癖　潇湘子雅谑补余香）

延庆话1：你把这个老瓷瓶款款放在桌子上，千万别出岔子。

延庆话2：背着东西在冰面上要款款地走，当心滑倒了。

L

剌巴巴

释义:"剌"同"拉",拉大便。

《存孝打虎》三折:"我若杀不过,我便走了,看你怎生剌巴巴。"

延庆话:每天早上,奶奶都会催促小孙子:"快点剌巴巴,上学别迟到。"

喇喇 (lǎ lǎ)

释义:流,滴。

《金瓶梅》第二十六回:你谎干净顺屁股喇喇,我再不信你说话了!

延庆话:这小子是个漏斗嘴,吃饭总是顺着嘴往衣服上喇喇。

来　派

释义:来势。

《儿女英雄传》第二十五回:姑娘一看这光景,你一言,我一语,是要"齐下虎牢关"的来派了;他倒也不着恼,也不动气。

延庆话：父亲常说，干什么吃喝什么，要有什么来派。

癞狗扶不上墙

释义：比喻自身素质太差，别人都无法帮助长进的人。

《红楼梦》：凤姐气的骂："癞狗扶不上墙的种子。你细细的说给他，便告我们家谋反，也没事的。不过是借他一闹，大家没脸。若告大了，我这里自然能够平息的。"（第六十八回　苦尤娘赚入大观园　酸凤姐大闹宁国府）

延庆话：这小子吃喝嫖赌抽、坑蒙拐骗偷样样都沾，癞狗扶不上墙，谁帮他也没用。

懒　待

释义：懒得，不想。

《红楼梦》1：那两日到了下半天，就懒待动，话也懒待说，眼神也发眩。（第十回　金寡妇贪利权受辱　张太医论病细穷源）

《红楼梦》2：薛蟠道："爱听不听！这是新鲜曲儿，叫作哼哼韵。你们要懒待听，连酒底都免了，我就不唱。"（第二十八回　蒋玉菡情赠茜香罗　薛宝钗羞笼红麝串）

延庆话：现在的一些啃老族或者废青，除了抱怨家庭社会之外，什么都懒待干。

懒　龙

释义：旧时称旱年头百姓求雨而懒得下雨的龙王，后指懒惰的人，有调侃意。

《金瓶梅》第二十一回：李瓶儿还睡着在床上，迎春说："三娘、五娘来了。"玉楼、金莲进来，说道："李大姐，好自在。这咱时懒龙才伸腰儿。"

延庆话：王志每天睡到老爷儿晒屁股还不起床，不洗脸就到办公室上班，同事们背后都戏称他为"懒龙"。

烂　货

释义：指作风不正、不务正业、好吃懒做的女人。

《醒世恒言》第三十六卷：那婆娘原是个不成才的烂货，自丈夫死后，越发恣意把家业倾完，又被奸夫拐去，卖与烟花门户。

延庆话：这婆娘表面光眉净眼，实则是村里人人皆知的烂货。

烂舌根

释义：多嘴多舌，搬弄是非。

《醒世姻缘传》第八十四回："他寻人写文书去，不知什么烂舌根的说咱家里怎么歪憋，怎么利害……"

延庆话：不知哪个烂舌根的告黑状，老刘莫名其妙让领导批了一顿。

郎 当

释义：不拘小节，不成样子；疲乏下垂的样子。

《水浒全传》：老婆听的声唤，走出来看时，只见板凳倒在一边，丈夫如此模样，便把王庆脸上打了一掌道："郎当怪物，却终日在外面，不顾家里。今晚到家里，一回儿又做甚么来?"（第一零二回 王庆因奸吃官司 龚端被打师军犯）

《醒世恒言》第二十一卷：各家的管家打开了银仓，兑了多少铜钱，放在皮箱里头，压得那马背郎当、担夫疲软。

延庆话：年轻人要朝气蓬勃，从着装上就不要吊儿郎当。

狼 虎

释义：形容吃东西做事情又猛又急的样子。

《金瓶梅》第八十六回：婆子侧耳，果然听见猫在炕洞里狼虎，方才不言语了。

延庆话：这家伙忒狼虎，吃带鱼从不吐刺儿。

浪 颡

释义：拿腔作调，装腔作势。

《金瓶梅》第九十一回：（玉簪儿）脚上穿着双拨船样四个眼的剪绒鞋，约长尺二，在人跟前轻身浪颡，做势拿班。

延庆话：我一看到这个人当众浪颡乃至作秀，马上转身就走，因为这场景太令人作呕了。

捞　本

释义：赌输后想赢回本钱，泛指想使损失得到补偿。

《红楼梦》：我们才冤，花了若干的银子打了个门子，来了多月，连半个钱也没见过！想来跟这个儿是不能捞本儿的了。（第九十九回　守官箴恶奴同破例　阅邸报老舅自担惊）

延庆话：很多网络赌博平台利用客户都想捞本的心理，精心设计圈套，诱敌深入，将杀猪盘玩得炉火纯青。

捞毛的

释义：妓院内的男仆。延庆话称那些帮闲借机捞取好处的人为"捞毛的"。

《儒林外史》第四十二回：我们大爷、二爷，你只要找得着性情，就是捞毛的、烧火的，他也大把的银子挝出来赏你们。

延庆话：老婆训斥老张："你这一正月净出去捞毛拽蛋了，这个家你还要不要了。"

老不拘礼，病不拘礼

释义：老人、病人可以不必拘泥讲究礼节。

《儒林外史》第一十二回："古人云：老不拘礼，病不拘礼。我方才看见肴馔也还用些，或者酒略饮两杯，不致沈醉，也还不妨。"

延庆话：延庆人宽厚待人，"老不拘礼，病不拘礼"早已约定俗成。

老不歇心

释义：应是俗语"少不惜力，老不歇心"的缩略语，指年轻人不要不舍得花力气，人老了也不要让自己放弃思考。

《儿女英雄传》第三十四回：不一时，搜到挨近前面的那个人，却又是七十余岁老不歇心的一位老者……

延庆话：父亲是典型的"少不惜力，老不歇心"，辛勤操劳一辈子。

老不言语

释义：总是不说话。

《儿女英雄传》第二十五回：想姑娘这个当儿拿出那老不言语的看家本事来，请问这一咕噜串儿，叫安老爷一家怎生见人？

延庆话：让大家过来讨论方案，怎么有的人徐庶进曹营——老不言语呀？

老奶子

释义：老太太。

《初刻拍案惊奇》卷三十六：就把牛黑子与老奶子着实行刑起来。老奶子只得把贪他财物，暗叫儿子冒名赴约，这是真情，以后的事，却不知了。

延庆话：过去延庆人称呼年长的妇女为老奶子，如今也改口称老太太了。

老　亲

释义：意思是结为亲戚时间较长的亲戚。

《金瓶梅》第三十二回："只请李柱姐来，与列位老亲递杯酒来，不教他唱世罢。"

《红楼梦》：贾母笑道："什么照看，原是世交，又是老亲，原应当的。你们二姑娘更好，竟不自尊自大，所以我们才走的亲密。"（第五十六回　敏探春兴利除宿弊　贤宝钗小惠全大体）

延庆话：记得小时候正月最热闹，老亲们彼此宴请，几乎热热闹闹一个月。

老头子

释义：对丈夫的俗称。

《红楼梦》：他三人说道："这一个老祝妈是个妥当的，况他老头子和他儿子代代都是管打扫竹子，如今竟把这所有的竹子交与他。"（第五十六回　敏探春兴利除宿弊　时宝钗小惠全大体）

《金瓶梅》第四十三回：老头子在时，曾做世袭指挥使，不幸五十岁故了。

延庆话：她老头子是个拆迁暴发户，牛气得很。

老要颠狂少要稳

释义：老年人要乐观、豪放一些，年轻人则要稳重、成熟些。

《儿女英雄传》第二十二回：舅太太道："'老要颠狂少要稳'，我不像你们小人儿家，那么不出绣房大闺女似的！姑太太，等你到了我这岁数儿，也就像我这么个样儿了。"

延庆话："老要颠狂少要稳"虽然是老话，却富含深刻人生哲理。

落了 (lào le)

释义：1. 捞，赚。2. 克扣，经手银钱时私下克扣一小部分。

《西游记》：这个道："我们也有些侥幸。拿这二十两银子买猪羊去，如今到了乾方集上，先吃几壶酒儿，把东西开个花帐儿，落了他二三两银子，买件绵衣过寒，却不是好？"两个怪说说笑笑的，上大路急走如飞。（第八十九回　黄狮精虚设钉钯宴　金木土计闹豹头山）

《三刻拍案惊奇》第一回：富尔谷只得依说，拿了五十两银子、两个缎子、两个纱与他。他落了十两，叫小厮一拜匣捧定，来见师母……

延庆话：县里委托这个公司去外国采购拉链生产设备，这个公司借机落了几百万人民币，东窗事发后，该公司经理锒铛入狱。

擂堆 (léi duī)

释义：臃肿，和"累赘"相似。

《山歌·汤婆子竹夫人相骂》："长弗伶仃，壮弗擂堆。"

延庆话：延庆人形容特别肥胖的人是：粗个擂堆、圆个擂堆、胖个擂堆。

冷呵呵

释义：形容寒冷挨冻的样子。

《金瓶梅》第七十二回：省的冷呵呵的，热身子下去冻着，倒值了多的。

延庆话：小时候没有手机和电视，冬闲时节，我就和小伙伴去村边玩"逮着玩"，虽然冻得冷呵呵的，可我们心里特别高兴。

冷手揙 (zhuā) 不着热馒头

释义：比喻时机不到办不好事，或方法不对头难办成事。

《金瓶梅》第三十五回：你若要，与他三百两银子，他也罢了。冷手揙不着热馒头。

延庆话：没有努力哪来收获，冷手揙不着热馒头。

楞柯柯/楞磕磕 (lèng kē kē)

释义：形容发呆、发愣的样子。

《三侠五义》第九回：公孙策听了此话，楞柯柯的连话也说不出来。

延庆话：这小伙子失恋之后，整天楞柯柯的，一个人发呆。

楞楞睁睁

释义：形容迷糊、神志不清的样子。

《金瓶梅》第十九回：这竹山正受了一肚气，走在铺子小柜里坐的，只见两个人进来，吃的浪浪跄跄，楞楞睁睁，走在凳子上坐下。

《西游记》：好大圣，捻着诀，念声咒语，对众仙女道："住！住！住！"这原来是个定身法，把那七衣仙女一个个楞楞睁睁，白着眼，都站在桃树之下。（第五回　乱蟠桃大圣偷丹　反天宫诸神捉怪）

延庆话：当一个人喝酒到一定程度后，就会稀里糊涂，楞楞睁睁。

住！住！住！都给我**楞楞睁睁**的定住。

愣里愣怔

释义：指眼睛发直、发愣、发呆。

《儿女英雄传》第三十四回：他揉了揉眼睛道："莫不是我睡得愣里愣怔，眼离了？"

延庆话：警察突然闯入游戏厅，把里面的赌徒吓得愣里愣怔，不知所措。

楞睁／楞怔（lèng zheng）

释义：迟疑不决，眼睛发直，神志不清的样子。

《野叟曝言》第四十三回：他敢楞睁一点儿，咱就搧他三二十个透明的窟窿。

延庆话：自用网络赌博输了两套楼之后，小于经常一个人楞怔着，不吃不睡。

哩（li）

释义：用在陈述句末，表示肯定、猜测、夸张、强调等语气。跟"呢"略同。

《西游记》：老魔喘息了，叫声："孙行者，你不出来？"行者道："早哩！正好不出来哩！"（第七十五回　心猿钻透阴阳窍　魔王还归大道真）

《金瓶梅》第二十九回：玉楼道："你还说哩，大姐姐好不说你哩！"

延庆话：你干什么哩？还没吃哩？不知道她正等着你哩？

漓漓拉拉

释义：犹滴滴答答，液体连续不断往下流的样子，也有软物拖地行进之意。

《醒世姻缘传》第五十三回：这晁无晏只见他东瓜似的搽了一脸土粉，抹了一嘴红土胭脂、漓漓拉拉的使了一头棉种油，散披倒挂的梳了个雁尾，使青棉花线撩着。

延庆话：撒尿漓漓拉拉，说话结结巴巴，走路踢踢踏踏，是一个人衰老的明显标志。

离乡调远

释义：疑为"离乡鸢远（diào yuǎn）"，指远离家乡。

《红楼梦》：幸亏我还是在跟前的一样，若是离乡调远听见了这个信，只怕我想妈妈也就想杀了。（第一零零回　破好事香菱结深恨　悲远嫁宝玉感离情）

延庆话：过去为了养家糊口，父辈们离乡调远到外地工作是家常便饭。

力巴/犁把/劣把/劣把头

释义：也叫力巴头。外行人，指笨手笨脚的人。

《儿女英雄传》1：第六回：女子见这般人浑头浑脑，都是些力巴，心里想道："这倒不好和他交手，且打倒两个再说！"

《儿女英雄传》2：第十一回：那三个强人只认作他是个

才出马的保镖的，答道："喂，行家莫说犁把话！你难道没带着眼睛，还要问'却是为何'？所为的要合你借几两盘缠用用！"

《儿女英雄传》3：第十七回："咱们这里虽说不短人抬，都是些劣把。"

《儿女英雄传》4：第十七回："难为你还冲行家呢！到底儿劣把头么！"

延庆话：上坡刹车下坡加油，纯粹劣把头！

两好合一好

释义：指双方都愿意和好，隔阂就可能消除，友好相处。

《醒世姻缘传》第六十五回：你把个贼头缩着，妆那忘八腔儿，我依么？两好合一好。你要似这们等的，我管那什么鹞鹰野鹊的，我还拿出那本事来罢！

延庆话：朋友相处，要多为对方着想，两好合一好，才能好上加好。

两下里

释义：两边、两处；双方，两方面。

《西厢记》："拆鸳鸯在两下里，一个这壁，一个那壁，一递一声长吁气。"

《西游记》：八戒道："哥呵，不是胡说，只恐一时间有些儿差池，却不是和尚误了做，老婆误了娶，两下里都耽搁了？"（第十九回　云栈洞悟空收八戒　浮屠山玄奘受心经）

延庆话：你上班顺便帮我把他送到学校，两下里都能照顾到。

谅

释义：料想，认为。

《儿女英雄传》第三十一回：邓九公看了，呵呵大笑，说道："谅你们这几颗脑袋也搁不住这一刀！但则一件，你九太爷使家伙可讲究刀无空过，讲不得只好拿你们的兵器搪灾了！"

延庆话：有政府撑腰做主，谅这个村霸不敢把你怎么样。

撩（liāo/liáo/liào）

释义：（liāo）掀起来；（liáo）缝；（liào）放下，存放。

《金瓶梅》第七十三回：又进房来，用倒口针儿撩缝儿，甚是细法。

《红楼梦》1：只见炕褥底下有一个揉成团的纸包儿。金桂的母亲瞧见便拾起，打开看时，并没有什么，便撩开了。（第一零三回　施毒计金桂自焚身　昧真禅雨村空遇旧）

《红楼梦》2：赵堂官便转过一付脸来回王爷道："请爷宣旨意，就好动手。"这些番役却撩衣勒臂，专等旨意。（第一零五回　锦衣军查抄宁国府　聪马使弹劾平安州）

《红楼梦》3：我那时还小，拿了来也不当什么，便撩在箱子里。到了这里，我见咱们家的东西也多，这算得什么，从没带过，一撩便撩了六十多年。（第一零九回　候芳魂五儿承错爱　还孽债迎女返真元）

延庆话1：我们上大学时都带着针线包，衣服坏了自己用针线随便撩几针。

延庆话2：歇了虎子（壁虎）撩门帘——露了一小手。

潦浆泡

释义：意思是皮肤上因摩擦或烧、烫而起的水泡。

《水浒传》1：林冲看时，脚上满面都是潦浆泡，只得寻觅旧草鞋穿，那里去讨，没奈何，只得把新草鞋穿上。（第七回 林教头刺配沧州道 鲁智深大闹野猪林）

《水浒传》2：卢俊义看脚时，都是潦浆泡，点地不得。（第六十二回 放冷箭燕青救主 劫法场石秀跳楼）

《西游记》：却教二十个小仙，扛将起来，往锅里一掼，烹的响了一声，溅起些滚油点子，把那小道士们脸上烫了几个潦浆大泡！（第二十五回 镇元仙赶捉取经僧 孙行者大闹五庄观）

延庆话：过年炸年货时，不小心有油锅爆了，刘师傅烫了一脸潦浆泡。

了吊 (liǎo diào)

释义：门窗搭扣。

《红楼梦》：忙问时，原来是外间窗屉不曾扣好，塌了屉成了吊下来。（第七十三回　痴丫头误拾绣春囊　懦小姐不问累金凤）

延庆话：门了吊坏了，赶紧换一个，不然没法锁门了。

燎毛 (liǎo máo)

释义：动物的毛发被火烧过。

《红楼梦》：环儿更是个燎毛的小冻猫子，只等有热灶火炕让他钻去罢。（第五十五回　辱亲女愚妾争闲气　欺幼主刁奴蓄险心）

延庆话：时冬腊月天寒地冻，王奶奶家的小狗冷得钻进灶火坑取暖，结果被炭灰燎了毛，十分难看。

撂 (liào)

释义：1. 放，搁。2. 弄倒。3. 丢，抛弃。

《红楼梦》1：凤姐笑道："别放你娘的屁！我的东西还没处撂呢，希罕你们鬼鬼祟祟的。"（第十六回　贾元春才选凤藻宫　秦鲸卿夭逝黄泉路）

《红楼梦》2：宝玉忍不住拾了一块小砖头儿，往那水里一撂。（第八十一回　占旺相四美钓游鱼　奉严词两番入家塾）

延庆话：看来这回小李真生气了，只见他把皮包往办公桌上一撂，一言不发转身就走了。

撩（liào）开

释义：1. 分手，谁也别理谁。2. 放下。

《红楼梦》1：黛玉将剪子一摔，拭泪说道："你不用同我好一阵歹一阵的，要恼，就撩开手。这当了什么！"（第十七回　大观园试才题对额　荣国府归省庆元宵）

《红楼梦》2：袭人道："你没有听见薛大爷相与这些混帐人，所以闹到人命关天。你还提那些作什么！有这样白操心！倒不如静静儿的念念书，把这些个没要紧的事撩开了也好。"（第八十六回　受私贿老官翻案牍　寄闲情淑女解琴书）

延庆话：一听说距离《战狼2》演出还有半个多小时，我撩开手里的活就直奔了电影院。

瞭哨

释义：放哨。延庆话衍化为"把边瞭哨"，意思为偏远的地方和位置。

《红楼梦》：宝玉命那婆子在院门瞭哨，他独自掀起草帘进来，一眼就看见晴雯睡在芦席土炕上，幸而衾褥还是旧日铺的。（第七十七回　俏丫鬟抱屈夭风流　美优伶斩情归水月）

延庆话：张大爷家的责任田把边瞭哨，距村里十多里地。

撂（liào）下脸

释义：由于生气或者不满意而沉下脸。

《红楼梦》：宝玉笑道："好丫头。'若共你多情小姐同鸳帐，怎舍得叠被铺床。'"黛玉登时撂下脸来说道："二哥哥，你说什么？"（第二十六回　蜂腰桥设言传密意　潇湘馆春困发幽情）

延庆话：对于那些不守纪律的员工，要敢于撂下脸来批评教育。

灵

释义：聪明，反应敏捷。

《西游记》：八戒闻得此言，叩头上告道："哥啊，分明要瞒着你，请你去的，不期你这等样灵。饶我打，放我起来说罢。"（第三十一回　猪八戒义激猴王　孙行者智降妖怪）

延庆话：家长经常批评孩子："你看人家的孩子，有多灵，老师一教就会，哪像你，讲了一百遍还记不住。"

溜钩子

释义：拍马屁。

《官场现形记》第四回：他这人专门替人家拉皮条，溜钩子。

延庆话：人们的擅长各不相同，最擅长溜钩子的人最让人恶心。

溜　尖

释义：非常尖细；东西盛得非常满，意思同"岗尖"。

《负曝闲谈》第六回：那房子却造得十分华丽，上下都是用红砖一块一切砌就的，顶上有几处像宝塔样溜尖溜尖。

《儿女英雄传》第三十一回：那箭头儿都是纯钢打就的，就如一个四楞子椎子一般，溜尖雪亮。

延庆话：为了第二天和敌人拼刺刀，战士们夜里将刺刀磨得溜尖。

溜　溜

释义：整整，满满。

《蒲松龄集·磨难曲》第七回：想起当初痛撒撒、溜溜的跑了一日，我困他也乏，不吃草倒在槽儿下。

延庆话：为了这本书，我几乎溜溜忙了一年半。

溜　亮

释义：本意明朗流畅，引申为豪爽、义气等。

《三刻拍案惊奇》第二十一回：李良雨叫声："不好叨扰"，要起身。吕达道："李兄，你去，便不溜亮了。"栾宝儿一面邀入房里。

延庆话：别看母亲年老多病，但她精神毅力十分顽强，亲戚们都夸她溜亮。

溜　眼

释义：以眉眼传情。

《金瓶梅》第八十回：原来陈经济自从西门庆死后，无一日不和潘金莲两个嘲戏。或在灵前溜眼，帐子后调笑。

《醒世姻缘传》第十九回：却说李成名与晁住两的娘子虽然看他是个老婆，也会合人溜眼，也会合人拿情。

延庆话：这小姑娘从小就会扯眉溜眼，长大后肯定不会让父母省心。

炀（lóng）

释义：点燃。

《红楼梦》：晴雯一见了红玉便说道："你只是疯罢！院子里花儿也不浇，雀儿也不喂，茶炉子也不炀，就在外头逛。"（第二十七回　滴翠亭杨妃戏彩蝶　埋香冢飞燕泣残红）

延庆话：老婆子，明天就立冬了，赶紧炀炉子生火吧！

露　白

释义：指无意中在人前露出自己的财物。白，指银子，泛指钱财。

《朱砂担》第四折：自古道："出外做客，不要露白。"

《二刻拍案惊奇》卷三十六："此镜乃我寺发迹之本，岂可轻易露白。"

《福惠全书·刑名·失事》："在道路失事，须问……一路曾否有歹人尾随，自家曾否何处露白。"

延庆话：出门带钱多又露白，十有八九要失财。

如此轻易**露白**，今日一定偷他个盆满钵满。

驴粪球儿外面光/驴粪球儿面前光

释义：表面上光洁亮丽，里边又糟又臭，形容虚有其表，也形容只注重外表，没有内涵。延庆话"驴粪蛋儿表面光"，意思用法一样。

《看钱奴》三折：你只是驴粪球儿外面光，卖弄星斗焕文章。

《金瓶梅》第七十八回：前日为你去了，和人家大嚷大闹的，你知道？你罢了。驴粪球儿面前光，却不知里面受凄惶。

《醒世姻缘传》第七十一回：你诸务的没了，单只这两间房，驴粪球儿且外面光着。你再把这几间房卖了，咱可倒街卧巷的？

延庆话：别看她打扮得花枝招展，实际上就是个驴粪蛋儿表面光，一肚子糟糠。

卤

释义：古同"鲁"，鲁莽、粗野的意思。

《红楼梦》：宝玉喜得满怀用力往上一兜，把钓竿往石上一碰折作两段，线也振断了，钩子也不知往那里去了。众人越发笑起来。探春道："再没见像你这样卤人。"（第八十一回 占旺相四美钓游鱼　奉严词两番入家塾）

延庆话：鲁二来名副其实的真卤，有一回竟然将偷吃他家小鸡的大狸猫当街摔死了，邻居们谁都不敢拦。

M

妈　妈

释义：乳房。

《聊斋俚曲集·禳妒咒》第二十七回：公子上，太公云：我儿，听说你媳妇子把你那妈妈都铰去了，你怎么受来？

延庆话：母亲训斥女儿："孩子哭了半天要吃妈妈，你怎么还有闲心逛街呢。"

麻瞪眼

释义：连续地眨眼睛。

《聊斋俚曲集·磨难曲》第一回1：知县怕他实落报，送上厚礼哀哀央；他轿里底头麻瞪眼，合县报了几个庄。

《聊斋俚曲集·磨难曲》第一回2：虽然说不成灾，却又自家看不上，坐在那轿里麻瞪看两眼，见一个庄里没有术秸，便说这庄子成的是灾。

延庆话：这小子贼着呢，麻瞪麻瞪眼，主意就来。

麻　力

释义：快；迅速，利落。

《老残游记》第四章：那老董叹口气道："玉大人官却是个清官，办案也实在麻力，只是手太辣些。"

延庆话：姐姐说话直来直去，做事也十分麻力，是名副其实的"嘴一分，手一分"。

麻撒撒 (má sā sa)

释义：形容机体的某一部分发麻。撒撒，词尾。

《黑旋风》第三折："倒好饭儿，乡里人家着得那花椒多了，吃下去麻撒撒的。哎哟，麻撒撒。"

延庆话：虽然常人觉得生吃花椒麻撒撒的受不了，但是老卢的口袋却常年装着花椒，没事他就抓出两粒放到嘴中嚼吧嚼吧，仿佛很陶醉。

马　爬

释义：像马那样趴伏。多形容向前跌倒，四肢、身体着地。

《金瓶梅》第十六回：原来李瓶儿好马爬着。

延庆话：为了逗孙子高兴，老爷爷马爬着让孙子当马骑。

蚂蚍 (mǎ pí)

释义：蚂蟥，生长在水中的一种血吸虫。

《醒世姻缘传》第六十八回：龙氏一声大哭："我的皇天呵！我怎么就这们不气长！有汉子，汉子管着；等这汉子死了，那大老婆又象蚂蚍叮腿似的，巴着南墙望的大老婆没了，落在儿们的手里，还一点儿由不的我呀！皇天呵！"

延庆话：小时候到河里洗身子（游泳）最怕蚂蚍钻进腿里，一旦钻进去，要用鞋底拍半天才能拍出来。

骂人不吐核（hú）

释义：比喻骂人不带脏字。

《清平山堂话本》卷二：公婆利害犹自可，怎当姆姆与姑姑？我若略略开得口，便去搬唆与舅姑。且是骂人不吐核，动脚动手便来拖。

延庆话：老张是语言大师，骂人不吐核，非常让人信服。

颟顸（mān hān/ mān han）

释义：糊涂而马虎，不明事理。

《红楼梦》：如今儒大太爷虽学问也只中平，但还弹压的住这些小孩子们，不至以颟顸了事。（第八十一回　占旺相四美钓游鱼　奉严词两番入家塾）

延庆话：这个孩子忒颟顸，四六不懂，往后少和他来往。

墁（màn）

释义：用石、砖等铺饰在地面上。

《金瓶梅》第十二回：谢希大先说，因说道："有一个泥水匠，在院中墁地。老妈儿怠慢了他，他暗把阴沟内堵上块砖。"

延庆话：小时候听老人讲，皇帝坐的金銮殿是金砖墁地。

忙叨叨/忙忙叨叨

释义：匆忙的样子。

《儿女英雄传》第二十二回1：你怎么一年老似一年，还是这样忙叨叨疯婆儿似的。

《儿女英雄传》第二十一回2：那块砚台你们大家赚了我会子，又说在这里咧那里咧，此刻忙忙叨叨的，不要再丢下，早些拿出来还人家。

延庆话：三舅妈九十多岁了，每当过节我们去看她，她都诚恳地说："你们忙忙叨叨地上班还来看舅妈，今儿个千万别走，一定陪舅妈吃饭。"

莽　撞

释义：鲁莽。指言语、行动粗率而不审慎。

《红楼梦》：（黛玉）自悔莽撞，未见皂白，就剪了香袋。（第十七回　大观园试才题对额　荣国府归省庆元宵）

《水浒传》：晁盖猛省起来：戴宗曾说一个黑旋风李逵，和宋三郎最好，是个莽撞之人。（第四十回　梁山泊好汉劫法场　白龙庙英雄小聚义）

延庆话：小蔺性格一向莽撞，当听说有人当了副科长时，不顾自己是个工勤人员这个条件，喝了一斤白酒就去找领导。

猫为虎师

释义：相传猫是虎的老师。

《猫苑》卷上：相传笑话，谓虎羡猫灵捷，愿师事之。未几，件件肖焉，而独不能上树与夫转颈视物，虎乃以是咎猫。猫曰："尔工噬同类，我能无畏留？"

延庆话：猫为虎师——留一手。

没吃过猪肉，也看见过猪跑

释义：自己没有经历、处理过的事情，但见过别人如何处理过，可以用来借鉴。

《红楼梦》：孩子们已长的这么大了，没吃过猪肉，也看见过猪跑。（第十六回　贾元春才选凤藻宫　秦鲸卿夭逝黄泉路）

延庆话：万事开头难，没吃过猪肉，也看见过猪跑呀，放开手脚去干，出了问题有我兜底呢。

美人灯儿

释义：风大一点就吹坏了，形容人的身体弱不禁风，非常虚弱。

《红楼梦》：再者林丫头和宝姑娘他两个人倒好，偏又都是亲戚，又不好管咱们家务事。况且一个是美人灯儿，风吹吹就坏了；一个是拿定了主意，"不干己事不张口，一问摇头三不知"，也难十分去问他。（第五十五回　辱亲女愚妾争闲气　欺幼主刁奴蓄险心）

延庆话：他这个闺女就是个美人灯儿，弱不禁风。

昧　下

释义：私自隐藏起来，窃为己有。

《红楼梦》：贾琏听说，笑道："既然给了你奶奶，我怎么不知道，你们就昧下了。"平儿道："奶奶告诉二爷，二爷还要送人，奶奶不肯，好容易留下的。这会子自己忘了，倒说我们昧下。那是什么好东西，什么没有的物儿。比那强十倍的东西也没昧下一遭，这会子爱上那不值钱的！"（第七十二回　王熙凤恃强羞说病　来旺妇倚势霸成亲）

延庆话：这家伙昧下单位职工福利费自以为天衣无缝，十年后还是东窗事发了。

昧 心

释义：1. 违心，违背本意。2. 欺心，违背良心（做坏事）。

《水浒传》：公孙胜道："自从梁山泊分别回乡，非是昧心：一者母亲年老，无人奉侍；二乃本师罗真人留在屋前，恐怕有人寻来，故改名清道人，隐藏在此。"（第五十二回 戴宗智取公孙胜　李逵斧劈罗真人）

延庆话：你总昧心干事，当心头上三尺有神灵。

门插管儿

释义：门插关，安在门上的短横闩，关门时插上，开门时拔出来。

《儿女英雄传》第十一回：正在叫不开，那些三班衙役也有赶到前头来的，大家一顿连推带踹，把个门插管儿弄折了，门才得开。

延庆话：门插管儿，门了吊，快给老娘开门来。（出自延庆民间故事《狼外婆的故事》）

猛割丁/猛哥丁

释义：猛；猛然，突然。

《醒世姻缘传》第六回 1：计氏望着那养娘，稠稠的唾沫猛割丁向脸上唠了一口。

《醒世姻缘传》第九十四回 2：只怕乍听的姐姐到了唬一

跳，猛哥丁唬杀了，也是有的哩。

延庆话：我正在用电脑写东西，家里的胖猫猛割丁跳上键盘，吓了我一大跳。

眯嘻眯嘻

释义：笑眯眯的样子。

《儿女英雄传》第十九回：邓九公因说道："喂，先生！这都是你一套话惹出来的，你也这么帮着劝劝。怎么袖手旁观的又眯嘻眯嘻的笑起来了呢？莫不说人家又是个'寻常女子'？"

延庆话：一看到女儿眯嘻眯嘻甚至有些胆怯的样子，小魏知道孩子又想问他要生活费了。

密缝眼儿

释义：即"眯缝眼儿"，眼睛微合成缝的样子。

《金瓶梅》第七十四回：西门庆正在厅上，看见夹道内玳安领着一个五短身子，穿绿缎袄儿、红裙子，不搽胭粉，两个密缝眼儿，一似郑爱香模样，便问是谁。

延庆话：老五长着天生一双密缝眼儿，看人好像总是在藐视。

绵袄改被窝，两头儿苦不过来

释义：棉袄短，当成被子盖，头和脚都盖不上。比喻两方面都照应不过来，也指左右为难。

《儿女英雄传》第三十一回：正应了句外话，叫作"绵袄改被窝，两头儿苦不过来"了。

延庆话：您让我把这篇散文改成中篇小说，简直就是"绵袄改被窝，两头儿苦不过来"，费力不讨好。

眇

释义：斜着眼睛看。

《官场现形记》第八回：新嫂嫂拿眼睛眇了他眇，也不说别的。

延庆话：记得第一次抓小偷的场景，我藏在收购组工作人员身后，用眼眇着周围的一切，当两个偷鸡贼将我家的老母鸡放到柜台上准备出售时，被我抓了一个正着。

抿　头

释义：用抿子（妇女梳头时抹油用的小刷子）沾水或油擦抹，或刻意整理头发。

《金瓶梅》第二十回：孟玉楼、潘金莲百方撺掇，替他抿头，戴花翠，打发他出来。

延庆话：母亲每次去姥姥家之前，都在貌镜前用梳子认真抿头。

明儿早起

释义：明天早晨。

《红楼梦》：黛玉笑道："等我夜里想着了，明儿早起告诉

你。你听，雨越发紧了，快去罢。可有人跟着没有？"（第四十五回　金兰契互剖金兰语　风雨夕闷制风雨词）

延庆话：赶紧睡吧，明儿早起还要起早去天安门参加国庆大阅兵呢。

摸　索

释义：暗中勾引调戏女性。延庆话中读作"māo sou"，意思用法一样。

《红楼梦》：因此无法，只得赌气喝骂薛蟠说："不争气的孽障！骚狗也比你体面些！谁知你三不知的把陪房丫头也摸索上了，叫老婆说嘴霸占了丫头，什么脸出去见人！"（第八十回　美香菱屈受贪夫棒　王道士胡诌妒妇方）

延庆话：别看他在台上人模狗样地讲人话，可到台底下就不是他了，一到值班他就费尽心机想摸索一同值班的女同事。

磨

释义：通过纠缠折腾以求达到目的。

《水浒传》：罗真人笑道："贫道已知这人是上界天杀星之数。为是下土众生作业太重，故罚他下来杀戮。吾亦安肯逆天，坏了此人？只是磨他一会，我叫取来还你。"戴宗拜谢。（第五十二回　戴宗智取公孙胜　李逵斧劈罗真人）

《儿女英雄传》第九回：那张金凤此时被十三妹磨的，也不知嘴里是酸是甜，心里是悲是喜，只觉得胸口里像小鹿儿一般突突的乱跳，紧咬着牙，始终一声儿不言语。

延庆话：儿子一出生就黑白颠倒，白天不醒，晚上不睡，简直就是一把无形的挫，可把我磨草鸡（疲劳过度）了。

磨　害

释义：折磨伤害。

《西游记》：那三魔走近前，悄悄的对老魔道："大哥，等他出来时，把口往下一咬，将猴儿嚼碎，咽下肚，却不得磨害你了。"（第七十六回　心神居舍魔归性　木母同降怪体真）

《儒林外史》第五回："你若另娶一人，磨害死了我的外甥，老伯老伯母在天不安，就是先父母也不安了。"

延庆话：这孩崽子忒磨害人，要找个厉害的班主任修理他。

磨牙斗嘴／磨牙费嘴

释义：耍嘴皮子。

《聊斋俚曲集·增补幸云曲》第九回：沿门子磨牙斗嘴，谁知他别有安排。

《醒世姻缘传》第五十五回："我的性儿你是知道的，我是合你磨牙费嘴的人么？"

延庆话：什么时候了，你们还有闲心磨牙斗嘴？

木头人

释义：比喻迟钝的人。

《度翠柳》一折："劝你呵，我是劝着一个木头人；哎！

柳也你则恋着那锦营花阵。"

《二十年目睹之怪现状》第六十三回："照这样看去，那制造局的生意还做得么？这样把持的情形，那当总办的木头人，那里知道，说起来，还是只有他家靠得住呢。"

延庆话：除非是木头人，看了电视连续剧《抗美援朝》，中国人谁不热血沸腾呢？

N

拿班/拿班儿

释义：装腔作势摆架子，为难、刁难别人。延庆话读作
"拿烦"，意思用法一样。

《西游记》：那呆子道："胡说！胡说！大家都有此心，独
拿老猪出丑。常言道：和尚是色中饿鬼。那个不要如此？都
这般扭扭捏捏的拿班儿，把好事都弄得裂了。"（第二十三回
三藏不忘本　四圣试禅心）

《金瓶梅》第七十五回：你会晓的甚么好成样的套数儿，
左右是那几句东沟篱、西沟灞、油嘴狗舌，不上纸笔的那胡
歌野词，就拿班做势起来。

《二刻拍案惊奇》卷二：小道人道："私下去说，未免是
我求他了，他必然还要拿班，不如当官告了他，须赖不去！"

延庆话：看到夫人不停地让我干这干那，妻叔看不过去
了：老姑爷子是客人，你咋老拿班人呀？

拿　发

释义：降服、制服。

《醒世姻缘传》第八十七回：你饶得了便宜，你还拿发
着人！

延庆话：孙悟空被如来佛彻底拿发住了，死心塌地保护唐僧去西天取经。

那厢/哪厢

释义：那边，那里，哪里。延庆话往往用来代指邻居或者旁边的屋子。

《西游记》1：老母道："他那厢去了？"三藏道："我听得呼的一声，他回东去了。"（第十四回　心猿归正　六贼无踪）

《西游记》2：那一班儿个小妖，推出五辆小车儿来，开了前门。八戒望见道："哥哥，这妖精想是怕我们，推出车子，往那厢搬哩。"（第四十一回　心猿遭火败　木母被魔擒）

《红楼梦》：忽见那厢来了一僧一道，且行且谈。（第一回　甄士隐梦幻识通灵　贾雨村风尘怀闺秀）

《三刻拍案惊奇》第三回：红儿道："这一位太仓姜相公，这位吴县陆相公，都是来会试的。"慧儿道："在哪厢下？"举人道："就在东江米巷。"

延庆话：你到那厢找找，也许小猫儿就躲在他们家。

奶的/奶过/奶了

释义：用母乳喂养的。

《红楼梦》1：我们这爷，只是嘴里说的好，到了跟前就忘了我们，幸亏我从小儿奶了你这么大。（第十六回　贾元春才选凤藻宫　秦鲸卿夭逝黄泉路）

《红楼梦》2：贾母道："你们不知。大约这些奶子们，一个个仗着奶过哥儿姐儿，原比别人有些体面，他们就生事，

比别人更可恶，专管调唆主子护短偏向。"（第七十三回　痴丫头误拾绣春囊　懦小姐不问累金凤）

延庆话：海翔是妈娘奶大的，他对妈娘比亲娘还亲。

耐　着

释义：忍着。

《红楼梦》：宝玉只得回来。因记挂着要问芳官那原委，偏有湘云香菱来了，正和袭人芳官一处说笑，不好叫他，恐人又盘诘，只得耐着。（第五十八回　杏子阴假凤泣虚凰　茜纱窗真情揆痴理）

延庆话：有条件可以大手大脚花钱，无条件也只好耐着。

喃（nǎn）

释义：直接用嘴将食物吞入口中。

《金瓶梅》第六十七回：伯爵把汗巾儿掠与西门庆，将瓜仁两把喃在口里都吃了。比及西门庆用手夺时，只剩下没多些儿，便骂道："怪狗才，你害馋痨馋痞！留些儿与我见见儿，也是人心。"

延庆话：看到香喷喷的大米饭，儿子忍不住低头偷偷喃了一口。

囊包/攮包（nāng bao）

释义：脓包，软弱无能，无用的东西。

《蒲松龄集·墙头记》第二回：银匠说，还是你忒也囊包，怎么依他这样揉搓？

《醒世姻缘传》第八十一回：俺那个是攮包，见了他，只好递降书的罢了。

延庆话：他是个囊包，在家在单位都拾不起个儿，抬不起头。

攮颡（nǎng sǎng）

释义：填喉咙，谓人吃相不雅、狼吞虎咽的不敬之词。含讥讽义。

《醒世姻缘传》第十九回：两口子拿着馍馍就着肉，你看他攮颡，馋的那同院子住的老婆们过去过来，咽咽儿的咽唾沫。

延庆话：急什么，注意点吃相。那么多饭菜，别急着攮颡。

猱着头/挠着头

释义：不梳头，散乱着头发。明沈榜《宛署杂记。民风二》："不梳头曰挠头。"

《醒世姻缘传》第十四回 1：只见珍哥猱着头，上穿一件油绿绫机小夹袄……

《醒世姻缘传》第四十五回 2：进去见素姐才挠着头，慢条斯理的缠脚，说道："好俺姐姐，你家里的那勤力往那里去了？你撵出姐夫去，你可睡到如今还不起来？"

延庆话：听说家里的大狸猫可能被村里某个嘴馋的人抓住吃了，刘大婶一大起早就猱着头来到这家门口，大声哭号着进行诅咒。

闹不清

释义：弄不明白。延庆话也说"闹不机密"，意思用法相同。

《红楼梦》：王夫人道："自己的事还闹不清，还搁得住外头的事么！"（第一一七回　阻超凡佳人双护玉　欣聚党恶子独承家）

延庆话：你这也闹不清，那也闹不机密，你这个大学是怎么上的啊？

闹得慌

释义：心情和情绪很烦乱。

《红楼梦》1：大老爷说家里有事，二老爷是不爱听戏，又怕人闹得慌都才去了。（第十一回　庆寿辰宁府排家宴　见熙凤贾瑞起淫心）

《红楼梦》2：宝玉慢慢的听他两个人说话都有道理，只是心上不知道怎样才好，只得强说道："我却明白，但只是心里闹得慌。"（第一零零回　破好事香菱结深恨　悲远嫁宝玉感离情）

《红楼梦》3：宝蟾看见道："可不是有了凭据了。这个纸包儿我认得，头几天耗子闹得慌，奶奶家去与舅爷要的。"（第一零三回　施毒计金桂自焚身　昧真禅雨村空遇旧）

延庆话：老舅妈喜欢清静，总嫌我们这些无法无天的外甥闹得慌。

闹　酒

释义：酒喝多了之后的醉态及其是非。

《红楼梦》：袭人见芳官醉的很，恐他闹酒，只得轻轻起来，就将芳官扶在宝玉之侧，由他睡了。自己却在对面榻上倒下。（第六十三回　寿怡红群芳开夜宴　死金丹独艳理亲丧）

延庆话：二姐夫干活绝对是把好手，可就是酒喝多了就闹酒，一把鼻涕一把泪地哭他死去的老娘，谁也劝不住。

能　为

释义：能力，本事。

《红楼梦》："为这点子小事，弄的人家坑家败业，也不算什么能为！"（第四十八回　滥情人情误思游艺　慕雅女雅集苦吟诗）

延庆话：有多大能为挣多少钱，关键是自己要有自知之明！

能着（néng zhe）

释义：将就，耐着，委屈。延庆话读作（nēng zhe），也作"能糊"，意思用法一样。

《红楼梦》1：岫烟道："他倒想着不错日子给，因姑妈打发人和我说，一个月用不了二两银子，叫我省一两给爹妈送出去，要使什么，横竖有二姐姐的东西，能着些儿搭着就使

了。"（第五十七回　慧紫鹃情辞试忙玉　慈姨妈爱语慰痴颦）

《红楼梦》2：李纨忙命素云来取自己的妆奁。素云一面取来，一面将自己的胭粉拿来，笑道："我们奶奶就少这个。奶奶不嫌脏，这是我的，能着用些。"（第七十五回　开夜宴异兆发悲音　赏中秋新词得佳谶）

延庆话：庄户人过日子，不会穷讲究，有的事情该能着就能着，忍一忍就过去了。

尿尿把把

释义：尿尿，撒尿；把把，拉屎。合起来解释就是拉尿拉屎。

《西游记》行者笑道："一岁长一斤，也该七斤。你怎么不满四斤重么？"那怪道："我小时失乳。"行者说："也罢，我驮着你；若要尿尿把把，须和我说。"（第四十回　婴儿戏化禅心乱　猿马刀归木母空）

延庆话：尿尿把把是初为人父母每天的必备功课。

我驮着你，若要**尿尿把把**须和我说。

捏　合

释义：撮合，凑合；编造，虚构；勾勾搭搭。

《朱子语类》卷三五："君子所贵於此者，皆平日功夫所至，非临事所能捏合。"

《西游记》：那呆子捏合了，拖着钯，径回本路。（第三十二回　平顶山功曹传信　莲花洞木母逢灾）

《红楼梦》：（贾珍）却一心注定在三姐儿身上，便把二姐乐得让给贾琏，自己却合三姐儿捏合。偏那三姐一般合他顽笑，别有一种不敢招惹的光景。（第六十五回　贾二舍偷娶尤二娘　尤三姐思嫁柳二郎）

延庆话：有些小报刊为了生存和发行量，经常捏合绯闻来吸引眼球。

扭搭扭搭

释义：走路时肩膀随着腰一前一后地扭动的样子。

《儿女英雄传》第四回：那小的也抱起茶壶来，嘴对嘴儿的灌了一起子，才撅着屁股扭搭扭搭的走了。

延庆话：一个老爷们走路要龙行虎步，扭搭扭搭走着看着就让人来气。

脓　带

释义：鼻涕。延庆人读作"néng dài"，意思用法一样。

《金瓶梅》第七十二回：教我和他为冤结仇，落后一染脓带还垛在我身上，说是我弄出那奴才去了。

延庆话：咱们延庆创建全国卫生城市和全国文明城区，老少爷们讲究一点卫生，别墙上树上乱抹脓带。

浓 济

释义：将就。延庆人读作"nēng jì"，意思用法一样。

《醒世姻缘传》第十回：你可是不会闪人的？咱浓济着住几日，早进城去是本等。

延庆话：我们家里就这个简陋条件，你们浓济一下吧。

怒狠狠

释义：形容生气发怒时面容凶狠的样子。

《醒世姻缘传》第二十八回：严列宿起那卷衣裳抱了，又到坟上，望见一个人怒狠狠站在那里。众人缩住了脚，不敢前。

延庆话：老王是个老实人，受别人欺负后嘴头子跟不上，一句话也说不出来，只是怒狠狠地站在那里注视着对方。

努 伤

释义：用力过度，身体难以承受而受到伤害。

《红楼梦》：贾母道："这也够了，且别贪力，仔细努伤。"（第七十五回　开夜宴异兆发悲音　赏中秋新词得佳谶）

延庆话：十八岁那年，他为了树威信，硬是扛起 200 多斤的麻包，结果努伤了，好多年缓不过劲来。

暖　房

释义：《渌水亭杂识》卷四："今人有迁居或新筑室，朋侪醵金往贺曰暖房，盖自唐人已有之矣。"泛称备礼祝贺别人迁入新居或新屋落成。

《金瓶梅》第六十一回：西门庆道："俺每几时买些礼儿，休要人多了，再邀谢子纯你三四位，我家里整理菜儿抬了去——休费烦常二哥一些东西——叫两个妓者，咱每替他暖暖房，耍一日。"

《儒林外史》第二十一回：那日搬来，卜老还办了几碗菜替他暖房，卜老也到他房里坐了一会，只是想着死的亲家，就要哽哽咽咽的哭。

延庆话：暖房本是古老的习俗，但有些人却把它当成敛财的渠道。村里有位聪明人，家里盖了两间小棚也邀请乡亲们来暖房，一时传为笑柄。

O

怄气（òu qì）

释义：闹情绪，生气、斗气。

《水浒传》：李逵道："柴皇城被他打伤，怄气死了，又来占他房屋，又喝教打柴大官人，便是活佛，也忍不得！"（第五十一回　李逵打死殷天锡　柴进失陷高唐州）

《红楼梦》：薛姨妈把手绢子不住的擦眼泪，未曾说，又叹了一口气，道："老太太还不知道呢，这如今媳妇子专和宝丫头怄气。前日老太太打发人看我去，我们家里正闹呢。"（第八十四回　试文字宝玉始提亲　探惊风贾环重结怨）

延庆话：媳妇虽然长得漂亮，但却是个赖脾气，动不动就和人怄气，故人送绰号"小阴天"。

P

爬查（pá cha）

释义：爬动。查，词尾。

《聊斋俚曲集·磨难曲》第十八回 1：口里还吹吹喝喝，三个五个爬查起来说咱不吃罢。

《聊斋俚曲集·姑妇曲》第三段 2：拿着文书来到也么家，见了娘亲泪如麻，又搪答，说他方才是任华，怎么倒在地，怎么又爬查，从头细说他父亲的话。

延庆话：婴儿成长很快：三翻六座七爬查，八个月叫达达。

拍花的/花子

释义：用迷药或者其他的手段来拐骗儿童，称其为拍花的，或者花子。大人一般用来吓唬不听话到处乱跑的小孩儿。

《红楼梦》：宝玉道："不好，仔细花子拐了去。便是他们知道了，又闹大了，不如往熟近些的地方去。还可就来。"（第十九回　情切切良宵花解语　意绵绵静日玉生香）

《儿女英雄传》第九回：你瞧，这爷儿三个，老的老，少的少，男的男，女的女，露头露脑，走到大路上，算一群逃难的，还是算一群拍花的呢？

延庆话：我小的时候，太奶奶为了看住我，经常吓唬我说："不许出大门，出了门让拍花的抱走了就没命了。"

刨　除

释义：扣除，除外。

《儿女英雄传》第三十三回：合在一起便是一亩地的租子数儿，就让刨除佃户的人工饭食 牲口口粮去，只怕也不止这几两银子。

延庆话：刨除日常消费，小乐每月还能存 5000 元。

泼声浪气

释义：意思是泼辣的声调、放浪的声势，形容撒泼的神态。多用于女性。

《红楼梦》：金桂听见他婆婆如此说，怕薛蟠心软意活了，便泼声浪气大哭起来。（第八十回　美香菱屈受贪夫棒　王道士胡诌妒妇方）

延庆话：一看自己的目的没有达到，这位女士立刻泼声浪气地放起刁来。

赔不是

释义：赔礼道歉。

《红楼梦》：先是他二人不肯，后来宝玉说："不回去也罢了，只叫金荣赔不是便罢。"（第九回　恋风流情友入家塾起嫌疑顽童闹学堂）

延庆话：因为一点鸡毛蒜皮的小事，老房两口子谁也不愿主动赔不是，结果打了十多年的冷战，七十岁之后竟然离婚了。

皮要紧

释义：通常被用来训诫孩子或用于相互玩笑，意为"皮紧，抽一顿把皮松一松"。延庆话省略为"皮紧"，意思用法一样。

《红楼梦》：凤姐自掀帘子进来，说道："平儿疯魔了。这蹄子认真要降伏我，仔细你的皮要紧。"（第二十一回　贤袭人娇嗔箴宝玉　俏平儿软语救贾琏）

延庆话：你要是皮紧就早点说，你爹的手正痒痒呢。

皮科儿

释义：开玩笑的话。

《老残游记》第十三回：因为你已叫了两个姑娘，正好同他们说说情义话，或者打两个皮科儿，嘻笑嘻笑。

延庆话：老王是有名的逗皮科儿高手，他到哪里哪里有笑声，可惜英年早逝，让人十分惋惜。

皮着脸

释义：厚着脸皮，不知羞耻。

《金瓶梅》第三十七回：夜晚些，等老身慢慢皮着脸对他说。

《二刻拍案惊奇》卷二十二：公子逃去两日，东不着边，西不着际，肚里又饿不过。看见乞儿每讨饭，讨得来，到有得吃，只得也皮着脸去讨些充饥。

延庆话：本来赌气发誓不再回家，但是没几天儿子就皮着脸回家了。

屁股沉

释义：讽刺某人在某个属于别人的地方，长时间坐着不离开。

《红楼梦》：袭人笑道："我才求他同晴雯他们看家，我才告了假来。可是呢，只顾说话，我也来了好大半天了，要回去了。别叫宝玉在家里抱怨，说我屁股沉，到那里坐住了。"说着便立起身来告辞，回怡红院来了。（第六十七回 见土仪颦卿思故里 闻秘事凤姐讯家童）

延庆话：王三姐舌头长，屁股沉，在村子里没有什么人缘。

偏　了

释义：比别人先吃饭或者先得到东西，或者告诉对方自己要先吃饭了。

《金瓶梅》第三十四回：金莲道："今日我偏了杯，重复吃了双席儿，不坐了。"

《红楼梦》1：凤姐才吃饭，见他们来了便笑道："好长腿子，快上来罢。"宝玉道："我们偏了。"凤姐道："在这边外头吃的还是那边吃的？"（第十四回　林如海捐馆扬州城　贾

宝玉路谒北静王）

《红楼梦》2：只见宝钗走进来笑道："偏了我们新鲜东西了。"宝玉笑道："姐姐家的东西自然先偏了我们了。"（第二十六回　蜂腰桥设言传心事　潇湘馆春困发幽情）

延庆话：下午我还去北京开会，午饭我就先偏了，抱歉了啊！

撇着京腔

释义："京腔"是指清代北京盛行戏曲的音调，泛指北京音。"撇着京腔"是指说话装着京腔京味儿。

《儿女英雄传》第三十四回：他撇着京腔笑道："老翁的本领，我诸都佩服，只有这盘棋是合我下不来的。莫如合他下一盘罢。"

延庆话：儿子上北京读了半年大学，就开始撇着京腔说话了。

贫嘴恶舌/贫嘴贱舌/贫嘴烂舌

释义：指话多而尖酸刻薄，使人厌恶。延庆话也作"穷嘴恶舌"，意思用法一样。

《红楼梦》1：这东西亏他托生在诗书大宦名门之家做小姐，出了嫁又是这样，他还是这么着，若是生在贫寒小户人家，作个小子，还不知怎么下作贫嘴恶舌的呢！天下人都被你算计了去！（第四十五回　金兰契互剖金兰语　风雨夕闷制风雨词）

《红楼梦》2：黛玉道："什么诙谐！不过是贫嘴贱舌的讨

人厌罢了。"（第二十五回　魇魔法姊弟逢五鬼　红楼梦通灵遇双真）

《红楼梦》3：一时黛玉红了脸，啐了一口道："你们都不是好人，再不跟着好人学，只跟着凤丫头学得贫嘴烂舌的。"（第二十五回　魇魔法姊弟逢五鬼　红楼梦通灵遇双真）

延庆话：法律讲的是证据，贫嘴恶舌这一套是不灵的。

平地上起孤堆

释义：比喻凭空发生意外事故或祸端。

《李逵负荆》第二折："休怪我村沙样势，平地上起孤堆。"

延庆话：本来事业改革很顺利，但是有人平地上起孤堆，提出了伤害职工根本利益的方案，此举遭到了职工的坚决反对。

Q

瓜果之节

释义：阴历七月十五，儿女以瓜果、鲜花、冥币到坟地祭祀逝去的长辈。延庆衍化为"花果节"，原来由女儿在七月十五前给逝去的父母上坟，现在逐步改为儿女一起去上坟。

《红楼梦》：大约必是七月因为瓜果之节，家家都上秋祭的坟，林妹妹有感于心，所以在私室自己奠祭，取《礼记》："春秋荐其时食"之意，也未可定。（第六十四回　幽淑女悲题五美吟　浪荡子情遗九龙佩）

延庆话：姐姐告诉我，昨晚又梦见故去父母了。她通知我们兄弟姐妹做好准备，花果节那天和她一起给父母上坟。

凄的慌

释义：因消化不良引起的胃部不舒服。

《金瓶梅》第七十五回：妇人道："我害心凄的慌，你问他怎的？你干你那营生去。"

延庆话：延庆的酸萝卜条特别开胃，但是吃多了也会凄的慌。

起　根

释义：1. 缘由，开始。2. 从头，一向。延庆话多作"起根儿"，意思用法一样。

《金瓶梅》第三十四回：伯爵道："哥，你是希罕这个钱的？夏大人他出身行伍，起根立地上没有，他不挝些儿，拿甚过日？哥，你自从到任以来，也和他问了几桩事儿？"

《儿女英雄传》第二十五回："少停你不奈何我便罢，你少要奈何我一奈何，我也顾不得那叫情，那叫义，我要不起根发脚把你我从能仁面起的情由，都给你当着人抖搂出来，问你个白瞪白瞪的，我就白闯出个十三妹来了！"

延庆话：关键时刻，这个女人撒赖了："这个事我起根就不知道。"

起　骡

释义：马驴发情。

《醒世姻缘传》第三十六回：再有那一样歪拉邪货，心里边即与那打圈的猪、走草的狗、起骡的驴马一样，口里说着那王道的假言，不管甚么丈夫的门风，与他挣一顶绿头巾的封赠。

延庆话：对于牲畜发情交配，诸如驴马的"起骡"等，延庆有一套自己的词语系统。

起了个五更，赶了个晚集

释义：比喻虽然早做了准备，由于其他原因，结果却未达到既定的目标。

《儿女英雄传》第二十四回：邓九公道："二妹子，再不要提了，我这才叫'起了个五更，赶了个晚集'呢!"

延庆话：父亲要求我们做活一定要做好各种准备，否则很可能是"起了个五更，赶了个晚集"。

起猛了

释义：长久躺着或者坐着猛然起来，导致头晕恶心视力模糊。

《红楼梦》：进了房门，悄悄的走到里间房门。秦氏见了，就要站起来。凤姐儿说："快别起来，看起猛了头晕。"（第十一回　庆寿辰宁府排家宴　见熙凤贾瑞起淫心）

延庆话：医生告诫患有心脑血管疾病的患者：睡醒后切忌突然起猛了。如突然起身，脑部供血量突然减少，致使大脑缺血缺氧出现头晕、心悸更甚者会出现脑中风。

起头儿/齐头/ 齐头里

释义：最初，当初；从头，开始的时候。

《金瓶梅》第七十五回：想脊起头儿一来时，该和我合多少气。背地丁伙儿嚼说我。

《醒世姻缘传》第三十七回 1：县官把那两通卷子都齐头

看了，都圈点了许多。都在卷面上发了个大圈。

《醒世姻缘传》第三十二回 2：晁邦邦说："我齐头里不是为这个忖着，我怕他么？你看他赶尽杀绝的往前撑。"

延庆话：起头儿他只是个放牛娃，因受不了地主的剥削压迫而参加了八路军。

起五更，睡半夜

释义：形容起得早，睡得晚，非常辛劳的样子。延庆话常作"起五更，爬半夜"，意思用法一样。

《醒世姻缘传》第五十六回：他起五更，睡半夜与祖母梳头、缠脚、洗面、穿衣、端茶、掇饭，再也没有些怨声。

延庆话：为了保证儿女们的学习，父母起五更，爬半夜，任劳任怨。

气不忿

释义：气愤，不服气。延庆话这个词常作"气不忿儿"，意思用法一样。

《西游记》：长老才有三分儿信了，怎禁猪八戒气不忿，在旁漏八分儿唆嘴道……（第二十七回　尸魔三戏唐三藏　圣僧恨逐美猴王）

《红楼梦》：宝玉一面说："你们气不忿，我明儿偏抬举他。"（第三十一回　撕扇子作千金一笑　因麒麟伏白首双星）

延庆话：你甭气不忿儿，有本事当面和人家比试比试。

气　性

释义：指容易生气或生气后一时不易消除的脾气。

《红楼梦》1：王夫人道："原是前儿他把我一件东西弄坏了，我一时生气打了他几下，撵了他下去。我只说气他两天还叫他上来，谁知他这么气性大，就投井死了。岂不是我的罪过。"（第三十二回　诉肺腑心迷活宝玉　含耻辱情烈死金钏）

《红楼梦》2：探春冷笑道："我但凡有气性，早一头碰死了！不然岂许奴才来我身上翻贼赃了。明儿一早，我先回过老太太、太太，然后过去给大娘陪礼，该怎么，我就领。"（第七十四回　惑奸谗抄检大观园　矢孤介杜绝宁国府）

延庆话：这孩子气性忒大，一哭就上气不接下气，吓得家里人谁都不敢惹他。

掐　把

释义：意思是用力紧紧握住，比喻束缚、钳制。

《醒世姻缘传》第十五回："我生平是这们个性子：该受人掐把的去处，咱就受人的掐把；人该受咱掐把的去处，咱就要变下脸来掐把人个够!"

延庆话：这个公司有个欺生的坏习惯，新入职的往往要被老职工掐把一阵才能融进公司。

嗛/鹐/签（qiān）

释义：禽鸟用喙啄食。

《西游记》1：二郎见了，急抖翎毛，摇身一变，变作一只大海鹤，钻上云霄来嗛。（第六回　观音赴会问原因　小圣施威降大圣）

《西游记》2：行者见了，心中自悔道："是我的不是了！"恨了一声，跌足高呼道："咦！逐年家打雁，今却被小雁儿鹐了眼睛。"（第六十一回　猪八戒助力败魔王　孙行者三调芭蕉扇）

《西游记》3：米山边有一只拳大之鸡，在那里紧一嘴，慢一嘴，嗛那米吃。直等那鸡嗛米尽，狗舔面尽，灯燎断锁梃，他这里方才该下雨哩。（第八十七回　凤仙郡冒天止雨　孙大圣劝善施霖）

《老残游记》第十五回：正要告辞，只见地保同着差人，一条铁索，锁了一个人来，跪在地下，像鸡子签米似的，连连磕头，嘴里只叫："大老爷天恩！大老爷天恩！"

延庆话：农村散养的大公鸡很厉害，喜欢追着嗛人。大人总是叮嘱小孩子，离大公鸡远点，别被嗛着了。

牵着不走，打着倒退

释义：指不服驯教又没本事的畜生，比喻人的性格顽劣，甘心落后，无论用软的还是硬的办法都不能使其上进。

《金瓶梅》第一回：（潘金莲）报怨大户：普天世界断生了男子，何故将奴嫁与这样个货？每日牵着不走，打着倒退的。只是一味嗜酒，着紧处，却是锥钯也不动。

延庆话1："牵着不走，打着倒退"，你到底想干什么，你倒是放个屁呀。

延庆话2：这小子就是个十足的混球，煮不熟，煮不烂，牵着不走，打着倒退。

前人撒土迷了后人的眼

释义：比喻前辈人做了错事，连累了下一代。

《红楼梦》：凤姐听了，又自笑起来，"不是我着急，你说的话戳人的心。我因为我想着后日是尤二姐的周年，我们好了一场，虽不能别的，到底给他上个坟烧张纸，也是姊妹一场。他虽没留下个男女，也不要'前人撒土迷了后人的眼'才是。"（第七十二回　王熙凤恃强羞说病　来旺妇倚势霸成亲）

《儿女英雄传》第十二回：这也罢了，到了这位官太太了，既是安太老爷遭了事，凭他怎样，我们这位山阳县也该看同寅的分上，张罗张罗他，谁家保的起常无事？也不要"前人撒土迷了后人的眼"哪！谁想他全不理会。如今那位官太太落得自家找了个饭店住着。

延庆话：做事情不要做绝了，当心"前人撒土迷了后人的眼"，让后人遭恶报。

强宾不压主

释义：强势的客人再有本领，也不可压倒主人。

《水浒传》：晁盖道："不可。自古'强宾不压主'。晁盖

212

强杀，只是个远来新到的人，安敢便来占上。"（第二十回 梁山泊义士尊晁盖　郓城县月夜走刘唐）

《荡寇志》第七十六回：我儿，强宾不压主，如果敌得过，也要收儿分。

延庆话：参加各种对外交流活动，切记"强宾不压主"，否则必然引起矛盾冲突。

悄默声

释义：不声不响，亦作"悄没声"。

《儿女英雄传》第三十九回：只见他上前拜了两拜，笑嘻嘻的说道："老爷子，怎么也不赏个信儿，悄默声儿的就来了。"

延庆话：我最喜欢一个人悄默声躲在图书馆看书。

雀儿（qiǎor）

释义：对鸟儿的统称。

《红楼梦》：宝玉听了，以为奇特，少站片时，果见贾蔷从外头来了，手里又提着个雀儿笼子，上面扎着个小戏台，并一个雀儿，兴兴头头的往里走着找龄官。（第三十六回　绣鸳鸯梦兆绛芸轩　识分定情悟梨香院）

延庆话：林子大了什么雀儿都有，单位大了什么人都有，这有什么好奇怪的。

亲不间友

释义：亲近的人不离间对方的朋友。

《儿女英雄传》第二十二回：舅太太坐在上首，便往后挪了一挪，拉着姑娘说："'亲不间友'，咱们这么坐着亲香。"

延庆话：朋友的朋友应该是朋友，绝不能随便拆薄厚，须知疏不间亲，亲不间友。

亲戚礼道

释义：泛指亲戚。

《儿女英雄传》第十五回：褚一官连忙答说："老爷子，这又来了。这话叫人怎么搭岔儿呢？你老人家是一家之主，说句话谁敢不听？只因今日来的不是外人，是我大舅儿面上来的，亲戚礼道的，咱们怎么好不让人家进来喝碗茶呢？"

延庆话：亲戚礼道的，感情最为重要，千万不要假客气。

亲上做亲

释义：原是亲戚，又再结姻亲。

《西厢记》五本三折："我仁者能仁、身里出身的根脚，又是亲上做亲，况兼他父命。"

延庆话：老母亲告诉我，在旧社会，人们不知道近亲结婚的危害，"姨娘作婆""姑娘作婆"等亲上做亲的现象很常见。

亲 香

释义：亲热。

《红楼梦》1：贾母笑道："我有道理。如今也不用这些桌子，只用两三张并起来，大家坐在一处挤着，又亲香，又暖和。"（第五十四回　史太君破陈腐旧套　王熙凤效戏彩斑衣）

《红楼梦》2：（尤三姐）说着，自己绰起壶来斟了一杯，自己先喝了半杯，搂过贾琏的脖子来就灌，说："我和你哥哥已经吃过了，咱们来亲香亲香。"唬的贾琏酒都醒了。（第六十五回　贾二舍偷娶尤二姨　尤三姐思嫁柳二郎）

延庆话：母亲和姨娘已经十年没见面了，如今老姊妹俩住在一起分外亲香，总有说不完的话。

勤谨/勤紧

释义：1. 勤劳；勤快。2. 勤劳谨慎。

《水浒传》1：因见小人勤谨，安排的好菜蔬，调和的好汁水，来吃的人都喝采，以此卖买顺当，主人家有个女儿，就招了小人做女婿。（第九回　林教头风雪山神庙　陆虞候火烧草料场）

《水浒传》2：卢俊义救了他性命，养在家中。因见他勤谨，写的算的，教他管顾家间事务。（第六十一回　吴用智赚玉麒麟　张顺夜闹金沙渡）

《西游记》：八戒忍不住高声叫道："那里用甚么人马！又那里管甚么时辰！趁如今酒醉饭饱，我共师兄去，手到擒来！"三藏甚喜道："八戒这一向勤紧啊！"（第六十二回　涤

垢洗心惟扫塔　缚魔归正乃修身）

《红楼梦》：晴雯冷笑道："虽然碰不见衣裳，或者太太看见我勤谨，一个月也把太太的公费里分出二两银子来给我，也定不得。"（第三十七回　秋爽斋偶结海棠社　蘅芜苑夜拟菊花题）

延庆话：姐姐从小就是个勤谨人，如今到老了仍然保持这个习惯。

赿（qǐn）着头

释义：低着头走路。延庆话"赿"读（qǐn），意思用法相同。

《红楼梦》：宝玉笑道："我从四妹妹那里出来，迎头看见你来了，我就知道是找我去的，我就藏了起来哄你。看你赿着头过去了，进了院子就出来了，逢人就问。"（第四十六回　尴尬人难免尴尬事　鸳鸯女誓绝鸳鸯偶）

延庆话：你老是赿着头看手机过马路，小心让车撞了。

沁（qìn）着头

释义：头向下垂的样子。

《西游记》：呆子笑道："我晓得了，这是昨晚见没钱的饭，多吃了几碗，倒沁着头睡，伤食了。"（第八十一回　镇海寺心猿知怪　黑松林三众寻师）

延庆话：写字时老沁着头，时间长了，对眼睛不好，对后脖子也不好。

清官不到头

释义：谓清官当不长。

《僧尼共犯》二折：奉公守法当如此，争奈清官不到头。

延庆话：奻水河向西流，清官不到头。（延庆古歌谣）

清　亮

释义：清楚，清晰，清纯。

《红楼梦》：凤姐道："藕香榭已经摆下了，那山坡下两棵桂花开的又好，河里的水又碧清，坐在河当中亭子上岂不敞亮，看着水眼也清亮。"（第三十八回　林潇湘魁夺菊花诗　薛蘅芜讽和螃蟹咏）

延庆话：你瞭瞭这条小河，多清亮啊，水底都能看得清楚。

轻　省

释义：省心省力，身体轻松感觉舒服。

《西游记》：猪八戒道："哥啊，你只知道你走路轻省，那里管别人累坠？"（第二十三回　三藏不忘本　四圣试禅心）

《红楼梦》1：原来这门子本是葫芦庙内一个小沙弥，因被火之后无处安身，欲投别庙去修行，又耐不得清凉景况，因想这件生意倒还轻省热闹，遂趁年纪蓄了发充了门子。（第四回　薄命女偏逢薄命郎　葫芦僧乱判葫芦案）

《红楼梦》2：至次日清晨起来，袭人已是夜里发了汗，

觉得轻省了些，只吃些米汤养。（第二十回　王熙凤正言弹妒意　林黛玉俏语谑娇音）

延庆话：好吃不过饺子，再亲不过老子，轻省不过躺着。

情　着

释义：等着；尽情。

《聊斋俚曲集·姑妇曲》第二段 1：大成便说没奈何，低着头儿且情着，母亲呀，咱不幸遭着这不贤的货。

《聊斋俚曲集·墙头记》第一回 2：老头子日日闲，情着吃情着穿，着您媳妇常忙乱。

延庆话：儿子结婚了，您就情着抱孙子吧。

穷家富路/贫家富路

释义：在家日子过得差点无妨，出门应多备旅费，以免受困。

《三侠五义》第二十三回：银子虽多，贤弟只管拿去。俗语说得好，穷家富路。

延庆话：在家千日好，出门一时难。因此家里再苦，也要让出门人穷家富路，避免在外吃大苦。

穷拉拉

释义：贫穷的样子

《醒世姻缘传》第九回：我不快着做了衣裳带回家去，你爷儿两个穷拉拉的，当了我的使了，我只好告了官儿罢了。

延庆话：改革开放前，大部分农民过得都是穷拉拉的苦日子。

曲律/曲吕

释义：弯曲，曲折。

《李逵负荆》一折："（老王林上，云）曲律竿头悬草榯，绿杨影里拨琵琶。高阳公子休空过，不比寻常卖……"

《一枝花·杂情》套曲：本待做曲吕木头车儿随性打，原来是滑出律水晶球子怎生拿。

延庆话：平时交往最好有一说一，千万别曲律拐弯玩语言游戏。

觑着眼（qū zhe yǎn）

释义：眯着眼睛仔细看。

《红楼梦》：猛回头，看见窗上纸湿了一块，走过来觑着眼看时，冷不防外面往里一吹，把薛蝌唬了一大跳。（第九十一回　纵淫心宝蟾工设计　布疑阵宝玉妄谈禅）

延庆话：这孩子真是没救了，除了整天觑着眼看手机外，什么事情都不感兴趣。

取灯儿

释义：火柴的俗称。

《儿女英雄传》第二十八回：姑娘一看，只见方盘里摆的是一条堂布手巾，一条粗布手巾，一把大锥子，一把小锥子，一分火石火链片儿，一把子取灯儿，一块磨刀石。

延庆话：小时候，我对取灯儿非常好奇，不知道为什么一划拉就能出火苗。

趣　青

释义：因憋气或者生气而脸色惨白发黑。延庆话读作"qū qīng"，意思用法一样。

《红楼梦》：贾母因同邢王二夫人进房来看，只见奶子抱着，用桃红绫子小绵被儿裹着，脸皮趣青，眉梢鼻翅微有动意。（第八十四回　试文字宝玉始提亲　探惊风贾环重结怨）

延庆话：老赵花粉过敏，患病时气都喘不匀，有时憋得两脸趣青。

R

饶

释义：1. 不但，不仅。2. 尽管，虽然。3. 额外添加。4. 既然，已经。

《水浒传》：看那十四个人时，口角流涎，都动不得，正应俗语道："饶你奸似鬼，吃了洗脚水。"（第十六回　杨志押送金银担　吴用智取生辰纲）

《红楼梦》1：晴雯哭道："我多早晚闹着要去了？饶生了气，还拿话压派我。只管去回，我一头碰死了，也不出这门儿。"（第三十一回　撕扇子作千金一笑　因麒麟伏白首双星）

《红楼梦》2：宝玉道："你何苦来，替他招骂名儿。饶这么着，还有人说闲话。还搁的住你来说他。"（第三十一回　撕扇子作千金一笑　因麒麟伏白首双星）

《红楼梦》3：晴雯忙先过来，指他干娘说道："你老人家太不省事。你不给他洗头的东西，我们饶给他东西，你自己不臊，还有脸打他！他要还在学里学艺，你也敢打他不成！"（第五十八回　杏子阴假凤泣虚凰　茜纱窗真情揆痴理）

《红楼梦》4：宝玉听说，忙握他的嘴，劝道："这是何苦！一个未清，你又这样起来。罢了，再别提这事，别弄的去了三个，又饶上一个。"（第七十七回　俏丫鬟抱屈夭风流　美优伶斩情归水月）

《红楼梦》5：探春道："饶不叫我们做诗，怎么我们闹的？"（第九十四回　宴海棠贾母赏花妖　失宝玉通灵知奇祸）

延庆话1：饶你这么两面三刀地反复算计我，还让我给你帮忙，真不知你是怎么想的？

延庆话2：儿子上班了，饶不给父母钱，还厚皮赖脸地继续伸手向父母要钱，有时竟然恬不知耻地称之为新风尚。

惹　眼

释义：引人注目，显眼。

《金瓶梅》第十四回：月娘说："银子便用食盒叫小厮抬来。那箱笼东西，若从大门里来，教两边街坊看着不惹眼？必须夜晚打墙上过来方隐密些。"

延庆话：上课五分钟之后，打扮得花枝招展的杨华非常惹眼地进了教室，在众人的注视下，一扭一扭走向自己的座位。

热突突

释义：意思是活生生。

《金瓶梅》第六十二回1：伯爵道："哥，你这话就不是了。我这嫂子与你是那样夫妻，热突突死了，怎的不心疼？"

《金瓶梅》第八十三回2：凡事都严紧，这潘金莲与敬济两个热突突恩情都间阻了。

延庆话：丈夫出国需要三年时间，赵姐想到这儿，心里不由地热突突的。

人马三齐

释义：办事所需要的人力物力全都准备好了。

《儿女英雄传》第二十二回：我这里三年前头，忽然一天到了半夜里，听见那城隍庙里，就合那人马三齐笙吹细乐也似的，说换了城隍爷，新官到任来咧。

延庆话：我们人马三齐都准备好了，你却变卦了，有你这么干的吗？

人　熊

释义：人熊的学名称作"罴"，姿态五官似人，性猛力强，可以掠取牛马而食，所以叫作"人熊"。

《西游记》：牛王着了急，又变作一个人熊，放开脚，就来擒那狻猊（suān ní）。（第六十一回　猪八戒助力败魔王　孙行者三调芭蕉扇）

延庆话：这孩子两个月都没理发了，简直就是一个人熊。

人牙儿/人芽儿

释义：人影，小孩。

《金瓶梅》第十七回1：等了半日，没一个人牙儿出来，竟不知怎的。

《金瓶梅》第三十二回2：那潘金莲笑嘻嘻的向前戏弄那孩儿，说道："你这多少时初生的小人芽儿，就知道你妈妈，等我抱的后边寻你妈妈去。"

延庆话：别看他是个小人芽儿，鬼眼大着呢。

人嘴两张皮

释义：指说话不分是非，想怎么说就怎么说。

《济公全传》第一二一回：王安士也不知外甥李修缘，是上那里去了。人嘴两张皮，就有说李修缘自己走的，就有说是王安士把外甥逼走了的。

延庆话：人嘴两张皮，舌头不是好东西！

扔　崩

释义：亦作"扔蹦"，象声词。多形容动作迅速。延庆话常将"扔崩"简化为"扔"，意思用法相同。

《红楼梦》：刘姥姥道："这有什么难的呢？一个人也不叫他们知道，扔崩一走就完了事了。"（第一一九回　中乡魁宝玉却尘缘　沐皇恩贾家延世泽）

《聊斋俚曲集·磨难曲》第十九回：赵鬼子上，云："可恨张鸿渐，把俺女婿杀。他到扯腿颠，仍崩二百八。"

延庆话：你看那大飞机，扔——扔——飞得多快。

揉　搓

释义：用手来回擦或搓，引申为折磨。

《红楼梦》1：把个尤氏揉搓成一个面团，衣服全是眼泪鼻涕，并无别语，只骂贾蓉。（第六十八回　苦尤娘赚入大观园　酸凤姐大闹宁国府）

《红楼梦》2：袭人道："那么着你也该把这件衣服换下来了。那个东西那里禁得住揉搓。"宝玉道："不用换。"（第八十九回　人亡物在公子填词　蛇影杯弓颦卿绝粒）

《红楼梦》3：可怜一位如花似月之女，结褵年余，不料被孙家揉搓以致身亡。（第一零九回　候芳魂五儿承错爱　还孽债迎女返真元）

延庆话：和荞麦面时，要多揉搓一会儿，才能揉匀。

肉佞贼

释义：佞贼就是反贼、奸佞之人的意思。肉佞贼是骂人的粗话。延庆话多作"肉蔫贼"，意思相近，用法相同。

《金瓶梅》第七十六回：金莲道："这贼小囚儿，就是个肉佞贼。你大娘问你，怎的不言语？"

延庆话：你就是个十足的肉蔫贼，看着老实巴交，为什么出去打架斗殴？

汝

释义：伸。

《醒世姻缘传》第九十八回：素姐伶俐、爽俐把两只手望着狄希陈眼上一汝，说："你看我那手待怎么？我这是长冻疮的疤痕……"

延庆话：早上我睡得正香，不防儿子小手汝过来，抓我的鼻子。我一下醒了："你个小鬼头，是妈妈叫你这么做的吗？"儿子悄悄点点头。

入行三日无劣把

释义："劣把"就是"力巴"，指外行。指进入某一行当，不出三天就能掌握该行的基本技能。

《儿女英雄传》第三十三回：从来"入行三日无劣把"，这位亲家太太成日价合舅太太一处盘桓，也练出嘴皮子来了。

延庆话：俗话说"入行三日无劣把"，只要你努力工作，很快就会胜任岗位的。

软骨农/软沽浓

释义：软绵绵的。

《醒世姻缘传》第五十二回：素姐手里捏了两捏，说道："古怪！这软骨农的是甚么东西？"

《蒲松龄集曲》二联：只当贼头是铁铜，割来也是软沽浓。凯歌直到军帐中，一手提来献首功。

延庆话：永宁豆腐软骨农颤达达，筋道得很，享誉京郊，很多游客返城都要带几块。

S

撒　村

释义：言行粗野不堪，撒泼撒赖。

《西游记》：唐僧道："都进去，莫要撒村，先行了君臣礼，然后再讲。"（第三十九　一回粒金丹天上得　三年故主世间生）

《红楼梦》：还是周瑞家的回说："他们来了，也没有去瞧他姑娘，便作践起姨太太来了。我们为好劝他，那里跑进一个野男人，在奶奶们里头混撒村混打，这可不是没有王法了！"（第一零三回　施毒计金桂自焚身　昧真禅雨村空遇旧）

延庆话：你再撒村，我可要报警了！

撒　欢

释义：指因兴奋而连跑带跳的样子。

《西游记》：长老道："马若不牵，恐怕撒欢走了。"行者笑将起来，把那妇人与八戒说的勾当，从头说了一遍，三藏也似信不信的。（第二十三回　三藏不忘本　四圣试禅心）

延庆话：因老师开会，学校决定最后一节自习课不上了，提早放学。孩子们听到这个消息，拎着书包撒欢地跑出了教室。

三一三十一

释义：珠算口诀，用以表示平均分为三份。

《儿女英雄传》第五回：也只得三一三十一合那两个人，每人六百六十六的平分。

《官场现形记》第四回：倪二先生道："我的意思，二成之外，再加一百，一共五百两，倘若别人，我们须得三一三十一的分派。如今是你三大人，我们兄弟分上，你留着使罢。"

延庆话：我们哥仨分家时，在两个老舅爷子主持下，干脆来个三一三十一，此后几十年谁都没意见。

嗓膈眼子

释义：嗓子眼。

《儿女英雄传》第七回：那妇人道："月亮爷照着嗓膈眼子呢！人家大师傅甜言密语儿哄着他，还没说上三句话，他就把人家抓了个稀烂，还作践他呢！说得他那么软侉侉儿似的！"

延庆话：这家伙嗓膈眼子大着呢，百八十万根本不正眼看。

丧谤（sàng bàng）

释义：恶声恶气讲话。

《红楼梦》：那玉钏儿先虽不悦，只管见宝玉一些性子没有，凭他怎么丧谤，他还是温存和气，自己倒不好意思的了，脸上方有三分喜色。（第三十五回　白玉钏亲尝莲叶羹　黄金

莺巧结梅花络）

延庆话：你要是再丧谤你娘，小心老子拿脚踹你！

臊着他

释义：让他感觉羞愧寒碜。

《红楼梦》：贾母又道："你放心，等明儿我叫他来替你赔不是。你今儿别要过去，臊着他。"（第四十四回　变生不测凤姐泼醋　喜出望外平儿理妆）

延庆话：他就是个人来疯、二皮脸，你权当他是臭狗屎，臊着他就行了。

山旮旯子 (shān gā lá zi)

释义：偏僻的山区角落。

《儿女英雄传》第十九回：可怜这位姑娘，虽说活了十九岁，从才解人事，就遭了一场横祸，弄得家破人亡，逃到这山旮旯子里来，耳朵里何尝听见过这等一番学问话？

延庆话：我们山旮旯子小老百姓孤陋寡闻，还请你多加指教。

山　嘴

释义：山脚伸出去的尖端；山口。

《水浒传》1：樵夫指道："只过这东山嘴，门外有条小石桥的便是。"（第五十二回　戴宗智取公孙胜　李逵斧劈罗真人）

《水浒传》2：且说许贯忠引了燕青转过几个山嘴，来到

一个山凹里，却有三四里方圆平旷的所在。（第九十回 五台山宋江参禅 双林镇燕青遇故）

延庆话：老家南山嘴西侧山坡上的小石坑，镌刻着我美好的童年时光。

闪

释义：1. 抛弃，抛下。2. 扭伤。

《西厢记》第四本第二折：夫人休闪了手，且息怒停嗔，听红娘说。

《水浒传》：那马后蹄将下去，把李明闪下马来。弃了手中枪，却待奔走。这杨志手快，随复一刀，砍个正着。可怜李明半世军官，化作南柯一梦。（第七十七回 梁山泊十面埋伏 宋公明两赢童贯）

《西游记》：叩头叫道："大王，你好宽心！怎么一去许久？把我们俱闪在这里，望你诚如饥渴！"（第二回 悟彻菩提真妙理 断魔归本合元神）

《红楼梦》：一帆风雨路三千，把骨肉家园齐来抛闪。（第五回 游幻境指迷十二钗 饮仙醪曲演红楼梦）

延庆话1：某旅行社导游见游客们购物不积极，竟然悄悄将游客们闪在珠宝店，锁上门不许出去。

延庆话2：老张出去打工闪了腰，至今都没好利索。

讪皮讪脸

释义：嘻皮笑脸，厚皮赖脸。

《三侠五义》第三十五回："若是员外不在跟前，他便和他姑妈讪皮讪脸，百般央告，甚至于屈膝。"

延庆话：这孩子没大没小，讪皮讪脸，四六不懂，真让人讨厌。

晌午歪

释义：指太阳已经过了正午之后。

《儿女英雄传》第二十回：便向他女儿道："姑奶奶，咱们可得弄点甚么儿吃才好呢。你看你二叔合妹妹进门儿就说起，直说到这时候，这天待好晌午歪咧，管保也该饿了。"

《蒲松龄集·附录·学究自哪》：馆谷渐渐衰，馆谷渐渐衰，早饭东南晌午歪，粗面饼卷着曲曲菜。

延庆话：延庆民谚：晌午歪，狼打栽（判断觅食方向）；老爷儿（太阳）落，狼趴道（准备伏击觅食）。

姑奶奶，咱们可得弄点甚么儿吃才好呢。这天待好**晌午歪**咧，管保也该饿了。

上　紧

释义：抓紧时间更加努力去做事情。

《西游记》："大圣，休推睡，快早上紧求救。你师父性命，只在须臾间矣！"（第六十六回　诸神遭毒手　弥勒缚妖魔）

《红楼梦》：袭人道："据我说你竟是去的是。才念的好些儿了，又想歇着。依我说也该上紧些才好。"（第九十二回　评女传巧姐慕贤良　玩母珠贾政参聚散）

延庆话：马上又要公务员考试了，你要上紧点，力争考出好成绩。

上　脸

释义：得寸进尺，任性满足自己的欲望。

《红楼梦》1：刘姥姥忙打了他一巴掌，骂道："下作黄子，没干没净的乱闹。倒叫你进来瞧瞧，就上脸了。"（第四十回　史太君两宴大观园　金鸳鸯三宣牙牌令）

《红楼梦》2：晴雯笑道："好妹子，也赏我一口儿。"麝月笑道："越发上脸儿了！"（第五十一回　薛小妹新编怀古诗　胡庸医乱用虎狼药）

延庆话：俗话说：你敬我一尺，我敬你一丈。你要是觉得我好欺负，就蹬着鼻子上脸，咱们就看谁笑到最后。

上台盘

释义：有脸面，有身份。延庆话也作"上台面"，意思用法一样。

《桃园结义》头折："咱这庄买卖虽是低都儿低，可也上台盘。"

《西游记》：行者与八戒坐上，四个后生，抬起两张桌子，往天井里走走儿，又抬回放在堂上。行者欢喜道："八戒，像这般子走走耍耍，我们也是上台盘的和尚了。"（第四十七回 圣僧夜阻通天水 金木垂慈救小童）

延庆话：如今妇女地位空前提高，家里能出厅堂，外面能上台盘。

上　身

释义：新衣服刚穿上。延庆话读作"上身儿"，意思用法不变。

《红楼梦》1：这汗巾子是茜香国女国王所贡之物，夏天系着肌肤生香不生汗渍。昨日北静王给我的，今日才上身。若是别人，我断不肯相赠。（第二十八回 蒋玉菡情赠茜香罗 薛宝钗羞笼红麝串）

《红楼梦》2：香菱道："这是前儿琴姑娘带了来的，姑娘做了一条，我做了一条，今儿才上身。"（第六十二回 憨湘云醉眠芍药裀 呆香菱情解石榴裙）

延庆话：儿子小时候对穿着卫生一点也不在乎，早起才上身儿的新衣服，后晌黑已经脏兮兮的了。

韶 刀

释义：稀里糊涂，不明事理。

《金瓶梅》第三十二回：玳安道："爹教我来，请桂姨上去递一巡酒。"桂姐道："娘，你看爹韶刀，头里我说不出去，又来叫我！"

《红楼梦》：贾芸听他韶刀的不堪，便起身告辞。（第二十四回 醉金刚轻财尚义侠 痴女儿遗帕惹相思）

《儒林外史》第五十三回：聘娘道："你看侬妈也韶刀了！难道四老爷家没有好的吃，定要到国公府里才吃着好的？"

延庆话：小吴从小得了大脑炎，说话做事有时显得韶刀咯叽、二愣巴症的。

神 道

释义：有能力，了不起。

《金瓶梅》第三十七回：妇人听了微笑说道："他宅里神道相似的几房娘子，他肯要俺这丑货儿？"

《红楼梦》：兴儿笑道："玫瑰花又红又香，无人不爱的，只是刺戳手。也是一位神道，可惜不是太太养的，'老鸹窝里出凤凰'。"（第六十五回 贾二舍偷娶尤二姨 尤三姐思嫁柳二郎）

《儿女英雄传》第十六回：但是这事却要作得机密，虽说你这里没外人，万一这些小孩子们出去，不知轻重，露个一半句，那姑娘又神道，倘被他预先知觉了，于事大为无益。

延庆话：宝生这孩子可神道了，十六岁就考上了清华大学。

生刺刺

释义：活活地，生硬地。

《金瓶梅》第五十七回：今生偷情的、苟合的，都是前生分定，姻缘簿上注名，今生了还，难道是生刺刺胡诌乱扯歪厮缠做的？

延庆话：初来乍到就让我生刺刺批评人，不太合适吧。

拾　头

释义：用头撞别人，表示非常愤怒的样子。

《醒世姻缘传》第九十二回：那侄儿又照着他姑娘心口里拾头，四个人扭成一块，打的披头散发。

延庆话：这个老头是个十足的潮货（脾气爆裂），动不动就和别人拾头。

拾头打滚

释义：用头来撞让人打，躺在地上打滚，撒泼吵闹的意思。

《醒世姻缘传》第四十六回：媒人寻到那里，合他拾头打滚，说他没天理凭空毁人家亲事。

《红楼梦》：他虽不敢还言还手，便大撒泼性，拾头打滚，寻死觅活，昼则刀剪，夜则绳索，无所不闹。（第八十回　美香菱屈受贪夫棒　王道士胡诌妒妇方）

延庆话：小王的媳妇看着很漂亮，可就是个驴脾气，动不动就拾头打滚，抹脖子上吊。小王实在受不了，半年后就和她离婚了。

拾头撞脑

释义：用头撞人或物，表示已经出离愤怒了。

《儿女英雄传》第七回：落后那大师傅也来了，要把我们留下。说了半日，女儿只是拾头撞脑要寻死。也是这位大嫂说着，让那大师傅出去，等他慢慢的劝我女儿。

延庆话：听说校长没有聘任他，老焦立刻找到校长拾头撞脑"要说法"。

实辣辣

释义：一丝不苟，认认真真。

《金瓶梅》第七十三回：春梅道："娘到明日，休要与他行行忽忽的，好生旋剥了，叫个人把他实辣辣打与他几十板子，叫他忍疼也惧怕些。甚么逗猴儿似汤那几棍儿，他才不放在心上！"

延庆话：老婆对待和她投脾气的人实辣辣的，有什么都舍得给人家。

实拍拍

释义：结结实实，实实在在。

《醒世姻缘》第五十八回：都说是几年的新河洛，通不往来的肉松，甜淡好吃，新到的就苦。肉就实拍拍的，通不像似新鱼。

延庆话：延庆人实在，喜欢实拍拍的人，讨厌虚飘飘的人。

实呸呸

释义：实实在在。

《救孝子》第二折：实呸呸的词因不准信，碜可可的杀人要承认。

延庆话：小时候家里困难，母亲对待亲戚都实呸呸的，有一年为了招待从南方回来的舅老爷，她左邻右舍四处借大米白面。

屎　棋

释义：形容棋艺低劣。

《昊天塔》第四折："呀！这和尚不老实，你只好关门杀屎棋。"

《儒林外史》第五十三回：邹泰来因是有彩，又晓的他是屎棋，也不怕他恼，投起九个子，足足赢了三十多着。

延庆话：老史是个名副其实的屎棋大王，但他从不计输赢，且以此为乐。

是事不会

释义：不论什么事都不会做。

《清平山堂话本》卷三：那杨三官人道："温是事不会。"茶博士道："官人，你好朴实头！"

延庆话：他虽然是博士毕业，但生活上是事不会，还需要父母照顾。

受　热

释义：着急，受煎熬。

《三侠五义》第五回：范宗华听罢，说："既是如此，我领了你老人家去。到了那里，我将竹杖儿一拉，你可就跪下，好歹别叫我受热。"

延庆话：因为有人诬告，老梁被纪委三番五次请去喝茶，没少受热。

数喇（shǔ lǎ）

释义：数落。

蒲松龄《姑妇曲》第一段：何大娘连骂带说，数喇了一阵。

延庆话：不挨骂长不大，挨老师家长数喇似乎成了一些孩子的家常便饭。

耍　叉

释义：1. 作对，捣乱。2. 耍横。

《白雪遗音·马头调·叹五更》：迎宾送客，俱要奴家。殷勤不到，便要耍叉。

延庆话：仗着家里有些小背景，陈元动不动就借着酒劲儿在单位耍叉。

耍　钱

释义：赌博，赌钱。

《金瓶梅》第十九回：西门庆见他两个在那里耍钱，就勒住马，上前说话。

《红楼梦》：贾母忙道："你姑娘家，如何知道这里头的利害。你自为耍钱常事，不过怕起争端。殊不知夜间既耍钱，就保不住不吃酒，既吃酒，就免不得门户任意开锁。"（第七十三回　痴丫头误拾绣春囊　懦小姐不问累金凤）

《儿女英雄传》第七回：人家都知道挣钱养家，独他好吃懒做，喝酒耍钱。

延庆话：母亲生前经常讲：旧社会很多人耍钱输了之后，有的用房子抵债，有的用闺女抵债，还有的用老婆抵债。因此老人家告诫我们千万不要耍钱。

耍嘴儿

释义：只说不做。嘴上说得好，未落实到行动上。

《金瓶梅》第四十六回："你这奴才，脱脖倒坳过飐了。我使着不动，耍嘴儿，我就不信到明日不对他说，把这欺心奴才打与你个烂羊头也不算。"

延庆话：光说不练不是好汉，光耍嘴儿是行骗。

摔脸子

释义：沉下脸，板起面孔。

《红楼梦》：你还是我的丫头，问你一句话，你就和我摔脸子说塞话。（第八十三回　省宫闱贾元妃染恙　闹闺阃薛宝钗吞声）

延庆话：办公室里的几位女同事因为鸡毛蒜皮的事情，经常互相摔脸子。

双伴儿

释义：双胞胎。延庆话也称作"双棒儿"，意思用法一样。

《儿女英雄传》第三十九回：人家养双伴儿的也有，自然是奶了一个再奶一个，他却要是俩一块儿奶。

延庆话：张老师双伴儿儿子学习特别优秀，这成了他最骄傲的事情。

水米不打牙

释义：形容很长时间没吃没喝，又饥又饿。也指不吃不喝。

《金瓶梅》第七十八回："我老身不打诳语，阿弥陀佛，水米不打牙，他若肯与我一个钱儿，我滴了眼睛在地。"

《儒林外史》第四十五回：大清早上，水米不沾牙，从你家走到这里，就是办皇差也不能这般寡刺。

延庆话：老母亲去世前，连续一周水米不打牙，输液也输不进去，我们唯有着急却回天乏术。

睡沉了

释义：睡熟了，睡实了。

《红楼梦》：袭人道："宝姑娘送去的药，我给二爷敷上了，比先好些了。先疼的躺不稳，这会子都睡沉了，可见好些了。"（第三十四回　情中情因情感妹妹　错里错以错劝哥哥）

延庆话：这孩子连续加了好几天的班，刚刚睡沉了，大家没事就别打搅他了。

顺　当

释义：没挫折，顺利，顺适如意。

《儿女英雄传》第三十六回：你们一家子只管在外头各人受了一场颠险，回到家来，倒一天比一天顺当起来了。

延庆话：父亲经常对我说："只要你们过得顺当，父母不用你们操心。"

顺着竿子爬

释义：趁势奉承讨好。延庆话多作"顺竿爬"，意思用法一样。

《红楼梦》：贾母笑道："呸，没脸的！就顺着竿子爬上来了。你不该说姨太太是客，在咱们家受屈，我们该请姨太太

才是，那里有破费姨太太的理！"（第五十回　芦雪庵争联即景诗　暖香坞雅制春灯谜）

延庆话：老魏这人从无自己观点，和谁说话都会顺着竿子爬，因此很多人都喜欢他。

说戗了

释义：话语冲突，吵起来了。

《儒林外史》第四十三回："……既然怕兴师动众，不如不养活这些闲人了！"几句就同雷太守说戗了。

延庆话：他说话声音总是高八度，似乎在和谁生气，因此一聊天往往就和人家说戗了。

说　嘴

释义：炫耀，夸口；说大话。

《水浒传》：武松道："我却不是说嘴，凭着我胸中本事，平生只是打天下硬汉，不明道德的人。"（第二十八回　施恩重霸孟州道　武松醉打蒋门神）

《西游记》：行者上前跪下道："菩萨，弟子拿不动。"菩萨道："你这猴头，只会说嘴，瓶儿你也拿不动，怎么去降妖缚怪？"（第四十二回　大圣殷勤拜南海　观音慈善缚红孩）

《红楼梦》：袭人道："第二件，你真喜读书也罢，假喜也罢，只是在老爷跟前或在别人跟前，你别只管批驳消谤，只作出个喜读书的样子来，也教老爷少生些气，在人前也好说嘴。"（第十九回　情切切良宵花解语　意绵绵静日玉生香）

延庆话：老张这个人就会说嘴，一旦遇上矛盾困难，他就立刻变成霜打的茄子——蔫了。

说嘴打嘴

释义：夸口的人，偏偏自己出丑。

《红楼梦》1：说话时，刘姥姥已爬了起来，自己也笑了，说道："才说嘴就打了嘴。"（第四十回　史太君两宴大观园　金鸳鸯三宣牙牌令）

《红楼梦》2：王家的气无处泄，便自己回手打着自己的脸，骂道："老不死的娼妇，怎么造下孽了！说嘴打嘴，现世现报在人眼里。"（第七十四回　惑奸谗抄检大观园　矢孤介杜绝宁国府）

延庆话：办公室有几个同事先后感冒了，身体最棒的小郎自豪地说："我已经一年没感冒了。"可是没过两天小郎就感冒了，小郎不由得自嘲道："真是说嘴打嘴了。"

思想（sī xiang）

释义：1. 思念，想念。2. 思虑，考虑。

《水浒传》1：衙内道："你猜我心中甚事不乐？"富安道："衙内是思想那'双木'的。这猜如何？"衙内道："你猜得是。只没个道理得他。"（第六回　花和尚倒拔垂杨柳　豹子头误入白虎堂）

《水浒传》2：宋江道"我也心里是这般思想。他虽和我常常收信来往，无缘分上，不曾得会。"（第二十二回　阎婆大闹郓城县　朱全义释宋公明）

《西游记》1：那孽龙在于深涧中，坐卧宁，心中思想道：

"这才是福无双降，祸不单行。我才脱了天条死难，不上一年，在此随缘度日，又撞着这般个泼魔，他来害我!"（第十五回　蛇盘山诸神暗佑　鹰愁涧意马收缰）

《西游记》2：行者道："他是甚么人?"长老道："他比我先拿进一日。他是个樵子，说有母亲年老，甚是思想，倒是个尽孝的，一发连他都救了罢。"（第八十六回　木母助威征怪物　金公施法灭妖邪）

《红楼梦》1：夫妻二人，半世只生此女，一旦失落，岂不思想，因此昼夜啼哭，几乎不曾寻死。（第一回　甄士隐梦幻识通灵　贾雨村风尘怀闺秀）

《红楼梦》2：不知前生作了什么罪孽，今生这样孤凄。真是李后主说的"此间日中，只以眼泪洗面"矣。一面思想，不知不觉神往那里去了。（第八十七回　感深秋抚琴悲往事　坐禅寂走火入邪魔）

延庆话1：喜鹊叫，好事到。我这几天总听见喜鹊在门前大树上叫，我就思想儿子该归来了，果然没两天儿子就回家探亲了。

延庆话2：我说的话，你好好思想思想有没有道理，赶明儿早起再来找我交流沟通。

死眉瞪眼

释义：形容呆滞，表情冷漠。

《红楼梦》：凤姐急忙进去，吆喝人来伺候，胡弄着将早饭打发了。偏偏那日人来的多里头的人都死眉瞪眼的。（第一一零回　史太君寿终归地府　王凤姐力诎失人心）

延庆话：年轻人晚上不要总是熬夜，一上班就蔫头耷脑、死眉瞪眼，哪个领导看着不来气？

死拍拍

释义：死气沉沉、不动的样子。

《醒世姻缘传》第四十九回：这吴奶子虽是个丑妇，后来奶的小全哥甚是白胖标致。又疼爱孩子，又勤力，绝不像人家似的死拍拍的看着孩子，早眠晏起，饭来开口，箸来伸手的懒货。

延庆话：这孩子不仅是个家窝子，还是个懒龙，每天除了吃就是死拍拍躺在床上睡觉，如今体重已经超过 400 斤了。

死拖活拽

释义：死命拉扯；竭力拉住。

《金瓶梅》第十五回：西门庆因记挂晚夕李瓶儿有约，故推辞道："今日我还有小事，明日去罢。"怎禁这伙人死拖活拽，于是同进院中去。

延庆话：众人死拖活拽，才将借酒撒疯的刘涛拉回宿舍。

四马攒蹄

释义：指两手两脚被捆在一起。延庆话多作"四马倒攒蹄"，意思用法一样。

《水浒传》：就势只一拖，提在船舱中，把手脚四马攒蹄，捆缚做一块，看看那扬子大江，直撺下去！（第六十五回　托塔天王梦中显圣　浪里白条水上报冤）

《西游记》：众头目即取绳索。三怪把行者扳翻倒，四马攒蹄捆住，揭起衣裳看时，足足是个弼马温。（第七十五回 心猿钻透阴阳窍 魔王还归大道真）

延庆话：听说昨夜老赵和他儿子把进屋偷东西的贼给抓住了，那个贼被这父子俩四马攒蹄地给捆了起来，然后交给了派出所。

酸挤挤

释义：形容较轻的嫉妒或难受的心理。

《官场现形记》第六十回：一群小老婆似的，赛如就是抚台一个是男人，大家都要讨他喜欢；稍些失点宠，就要酸挤挤的。

延庆话：听说闺密又被表扬了，她心里不由得酸挤挤的。

酸文假醋

释义：形容装出一副文雅有礼貌的样子。

《红楼梦》：宝玉道："这个何妨。那一年冷天，也是你麝月姐姐和你晴雯姐姐顽，我怕冻着他，还把他揽在被里焐着呢。这有什么的！大凡一个人，总不要酸文假醋才好。"（第一零九回 候芳魂五儿承错爱 还孽债迎女返真元）

《儿女英雄传》第三十二回：俩人酸文假醋的满嘴里喷了会子四个字儿的匾。

延庆话：这个女人作风很赖，可她在人前总是一副酸文假醋的样子，让人十分恶心。

孙男弟女

释义：指老一辈人对隔辈人的统称。

《红楼梦》：老太太因怕孙男弟女多，这个也借，那个也要，到跟前撒个娇儿，和谁要去，因此只装不知道。（第七十四回　惑奸谗抄检大观园　矢孤介杜绝宁国府）

延庆话：老太太过百岁生日时，孙男弟女七十多口子站满了一院子。

T

遢邋 (tà lā)

释义：犹"邋遢"，疲沓貌。

《儿女英雄传》第二十二回：你们瞧着罢，回来到了这里，横竖也遢邋了。

延庆话：这个小伙子不知为什么总打不起精神，走起路来总是遢邋遢邋的样子。

塌拉 (tā lā)

释义：脚后跟踩着鞋后帮；破旧或者不整齐。

《红楼梦》：赵姨娘气的抱怨的了不得：正经亲兄弟，鞋塌拉袜塌拉的，没人看见；且做这些东西！（第二十七回　滴翠亭杨妃戏彩蝶　埋香冢飞燕泣残红）

延庆话：由于脚肿了，一向精神的他只好塌拉着鞋走路。

抬　杠

释义：1. 用扛抬运棺材。2. 无谓地争辩，顶牛儿。

《儿女英雄传》第十七回1：那四个长工里头，有一个原是抬杠的团头出身，只因有一膀好力气，认识邓九公。

《儿女英雄传》第四十回2：舅太太道："姑老爷先不用合我们姑太太抬杠，依我说，这会子算老天的保佑也罢，算皇上的恩典也罢，算菩萨的慈悲也罢，连说是孔夫子的好处我都依，只要不上乌里雅苏台了，就是大家的造化！"

延庆话：老卓是有名的常有理，凡事都要和别人抬杠，以此显示自己见识高人一等。

讨 吃

释义：乞丐。

《红楼梦》：若有造化，我死在老太太之先，若没造化，该讨吃的命，伏侍老太太归了西，我也不跟着我老子娘哥哥去，我或是寻死，或是剪了头发当尼姑去！（第四十六回　尴尬人难免尴尬事　鸳鸯女誓绝鸳鸯偶）

《金瓶梅》第九十六回：那杨大郎见陈敬济已自讨吃，便佯佯而笑，说："今日晦气，出门撞见瘟死鬼，量你这饿不死贼花子，那里讨半船货？我拐了你的，你不撒手？须吃我一顿马鞭子。"

延庆话：你这么好吃懒做，天生就是讨吃的命！

忒儿（tēir）

释义：象声词，形容鸟飞的声音。

《红楼梦》：林黛玉道："我才出来，他就'忒儿'一声飞了。"（第二十八回　蒋玉菡情赠茜香罗　薛宝钗羞笼红麝串）

延庆话：我们刚到野鸭湖芦苇边，就见成群的鸟儿"忒儿""忒儿"从我们身边飞过。

忒楞楞 （tēi léng léng）

释义：鸟儿突然飞起来的声音。

《红楼梦》：原来这林黛玉秉绝代姿容，具希世俊美，不期这一哭，那附近柳枝花朵上的宿鸟栖鸦一闻此声，俱忒楞楞飞起远避，不忍再听。（第二十六回　蜂腰桥设言传心事　潇湘馆春困发幽情）

《儿女英雄传》第十九回：这场哭，直哭得那铁佛伤心，石人落泪；风凄云惨，鹤唳猿啼。便是那树上的鸟儿，也忒楞楞展翅高飞；路上的行人，也急煎煎闻声远避。

延庆话：我正在海坨山中漫步，不提防"忒楞楞"一声，一只大山鸡从脚下飞起，吓了我一跳。

忒儿喽喽/忒儿喽忒儿喽

释义：象声词，形容吃饭等发出的声音。

《儿女英雄传》第四回1：卖水烟的把那水烟袋吹的忒儿喽喽的山响。

《儿女英雄传》第二十八回2：安老爷却就着那五样佳肴，把一碗面忒儿喽忒儿喽吃了个干净，还满脸堆欢向玉凤姑娘说了一句："媳妇，生受你。"

延庆话：过去吃饭忒儿喽忒儿喽表示胃口好，如今在文明用餐礼仪里却被认为是一种没礼貌的表现。

腾腾

释义：把食物放在锅等炊具里用水蒸气加热。

《西游记》：八戒道："早先抬上来时，正合我意：我有些儿寒湿气的病，要他腾腾。这会子反冷气上来了。咦！烧火的长官，添上些柴便怎的？要了你的哩！"（第七十七回 群魔欺本性 一体拜真如）

延庆话：吃凉食容易胃疼，最好放在锅里腾腾。

提掳 (tí lu)

释义：拎，拿。

《儿女英雄传》第三十二回：我听说还有雅座儿，好极了，就忙忙的叫人提掳着衣裳帽子，零零星星连酒带菜都搬到雅座儿去。

延庆话：看到妈妈刚下车，儿子忙去提掳箱子。

提头儿

释义：带头说起。延庆话中"提头儿"还有"值得一提"的意思。

《红楼梦》：袭人道："快些回来罢，这都是我提头儿，倒招起你的高兴来了。"（第八十六回 受私贿老官翻案牍 寄闲情淑女解琴书）

延庆话1：小卢本想提头儿讲话缓解紧张气氛，没想到将话题引入黎博士预设的伏击圈里。

延庆话2：老郦家门风太坏，没啥提头儿。

舔屁股

释义：形容不知羞耻地奉承。

《糊涂世界》七卷：人家打四（赌注压在四上）管他什么事？也要来舔屁股；如今害得我也不着了，天下有这种浑小子！

延庆话：延庆人轻蔑地称呼"舔屁股"为"舔功"。

腆胸叠肚

释义：指肚子挺挺的，走路摇摇晃晃的样子。

《儿女英雄传》第二十一回：不一时，只听得院子里许多脚步响，早进来了努目横眉、腆胸叠肚的一群人，一个个倒是缨帽缎靴，长袍短褂。

延庆话：作为胖女人，她很享受腆胸叠肚对弟兄们发号施令的感觉。

腆　着

释义：顶着，挺着。

《西游记》1：行者即搀唐僧，沙僧即扶八戒，两人声声唤唤，腆着肚子，一个个只疼得面黄眉皱，入草舍坐下……（第五十三回　禅主吞餐怀鬼孕　黄婆运水解邪胎）

《西游记》2：只见那七个敞开怀，腆着雪白肚子，脐孔中作出法来：骨都都丝绳乱冒，搭起一个天篷，把行者盖在

底下。(第七十三回　情因旧恨生灾毒　心主遭魔幸破光)

《儒林外史》第三回：屠户横披着衣服，腆着肚子去了。

延庆话：医生说他平时不注意锻炼身体，腆着大肚子，极有可能是脂肪肝的征兆。

挑　拣

释义：故意挑选或者拣选。

《红楼梦》：那尤三姐天天挑拣穿吃，打了银的，又要金的，有了珠子，又要宝石，吃的肥鹅，又宰肥鸭。(第六十五回　贾二舍偷娶尤二姨　尤三姐思嫁柳二郎)

延庆话：别整天挑拣着吃穿，先看看你自己有多大能水。

挑　捡

释义：故意找碴、挑毛病。

《红楼梦》1：我是个没心眼儿的人，只求姑娘，我说话别往死里挑捡，我从小儿到如今没有爹娘教导。（第八十三回 省宫闱贾元妃染恙 闹闺阃薛宝钗吞声）

《红楼梦》2：（宝钗）因忍了气说道："大嫂子我劝你少说句儿罢。谁挑捡你？又是谁欺负你？不要说是嫂子，就是秋菱我也从来没有加他一点声气儿的。"（第八十三回 省宫闱贾元妃染恙 闹闺阃薛宝钗吞声）

延庆话：您是全国劳模，谁敢挑捡您？我们巴结恐怕还来不及呢。

挑　礼

释义：在礼节形式上找碴、挑毛病。

《儿女英雄传》第二十一回：他又忙道："我的姑奶奶！我可不知道吗叫个挑礼呀！你只管让他娘儿们吃罢。可惜了的菜，回来都冷了。"

延庆话：他这个人对外打交道总喜欢较真挑礼，往往弄得对方很狼狈，他却心中暗暗高兴。

跳　蹋

释义：也作"跳跶"，形容人发脾气或着急而跳脚顿足。

《红楼梦》："这长安城中遍地都是钱。只可惜没人会去拿去罢了。在家跳蹋会子也不中用。"（第六回 贾宝玉初试云雨情 刘姥姥一进荣国府）

延庆话：听说儿子再次醉驾被抓，他急得在院子里来回跳蹋，想不出解救的好办法。

听 说

释义：老实听话。

《红楼梦》1：宝钗忙笑道："你也太听说了。这是他好意送你，你不佩着，他岂不疑心。我不过是偶然提到这里，以后知道就是了。"（第五十七回　慧紫鹃情辞试忙玉　慈姨妈爱语慰痴颦）

《红楼梦》2：袭人见他如此，早又心软了，便说："你既要在这里，又不守规矩，又不听说，又乱打人。那里弄你这个不晓事的来，天天斗口，也叫人笑话，失了体统。"（第五十九回　柳叶渚边嗔莺咤燕　绛云轩里召将飞符）

延庆话：小时候，娘经常对我们说："你们谁最听说，过些时候我就带着谁住姥姥家。"

停

释义：量词，概率，几分之几的意思。

《水浒传》：三千"连环甲马"，有停半被"钩镰枪"拨倒，伤损了马蹄，剥去皮甲，把来做菜马食；二停多好马，牵上山去喂养，作坐马。（第五十六回　吴用使时迁盗甲　汤隆赚徐宁上山）

《儿女英雄传》第十八回：那秀才道："晚生姓顾名綮，别号肯堂，浙江绍兴府会稽人氏。一向落魄江湖，无心进取。偶然游到帝都，听得十停人倒有九停人说大人府上有位二公子要延师课读。"

延庆话：宁老师讲课照本宣科，毫无生趣，每节课还没有讲一半，班里的学生已有六停开始打瞌睡了。

铜盆撞了铁刷帚

释义：意思是铜盆很坚硬，铁制的扫帚也很坚硬，撞到一起硬碰硬。比喻双方都很强硬，旗鼓相当，互不相让。

《金瓶梅》第四十三回：月娘在旁笑道："你两个铜盆撞了铁刷帚。常言：恶人自有恶人磨，见了恶人没奈何！自古嘴强的争一步。六姐，也亏你这个嘴头子，不然，嘴钝些儿也成不的。"

> 咱仨跟他打，就像铜盆撞了铁刷帚。

> 打！给我打！

延庆话：村里张二秃子和李老坏当街戗上了，乡亲们底下议论纷纷：这下铜盆撞了铁刷帚了。

头　沉

释义：因生病等原因感觉头脑昏沉。

《金瓶梅》第七十九回：到次日起来，头沉，懒待往衙门中去……

延庆话：父亲没有酒量，半杯白酒就头沉得犯迷糊了。

头起儿

释义：最开始，第一个。

《儿女英雄传》第四十回：次日，起早上去谢恩，头起儿就叫的是他。

延庆话：站在头起儿的那位同志，请您过来一下。

突鲁鲁

释义：象声词，形容物体快速移动下沉。

《西游记》：大圣见他不动，却使左手轮着铁棒，右手使吊桶，将索子才突鲁鲁的放下。他又来使钩。（第五十三回 禅主吞餐怀鬼孕　黄婆运水解邪胎）

延庆话：过去农村没有自来水，使的是辘轳，突鲁鲁一放，水桶就到井底了。

吐天儿哇地

释义：形容呕吐得很厉害。

《儿女英雄传》第三十九回：赶到两多月上，只见他吃顿饭儿就是吐天儿哇地的闹……

延庆话：领导说要摸摸新来的小隋的酒根儿，结果小隋当场喝了个吐天儿哇地。

脱　滑

释义：耍滑头，偷懒，逃避责任、工作等。

《红楼梦》1：李纨见了他两个，笑道："社还没起，就有脱滑的了，四丫头要告一年的假呢。"（第四十二回　蘅芜君兰言解疑癖　潇湘子雅谑补余香）

《红楼梦》2："显见的是告谎假，脱滑儿。"（第九十二回　评女传巧姐慕贤良　玩母珠贾政参聚散）

《红楼梦》3：因贾母在屋里歇中觉，丫头们也有脱滑顽去的，也有打盹儿的，也有在那里伺候老太太的。（第九十六回　瞒消息凤姐设奇谋　泄机关颦儿迷本性）

延庆话：小赵这丫头人小鬼大，逮着机会就脱滑偷懒，弄得同事们都懒得理她。

托　实

释义：实心实意委托信任。

《红楼梦》：宝玉道："也没什么要紧。不过我想着宝姐姐也是客中，既吃燕窝，又不可间断，若只管和他要，太也托实。"（第五十七回　慧紫鹃情辞试忙玉　慈姨妈爱语慰痴颦）

延庆话：他这个人说一套做一套，千万不要什么事都托实交给他。

W

㧡（wā/wǎ）

释义：读作 wā，指以手抓；读作 wǎ，指用器物舀东西。

《西游记》：女子道："你相我怎的样子?"行者道："我相你有些儿偷生㧡熟（与陌生男子偷情），被公婆赶出来的。"（第八十一回　镇海寺心猿知怪　黑松林三众寻师）

《聊斋俚曲集·翻魇殃》第三回：姜娘子做了饭，打发他婆婆吃了，才㧡了升麦子碾上掐了掐，烙了两个黑饼。

延庆话1：这丫头手黑，动不动上脸就㧡（wā），㧡（wā）着了就变成了"花瓜"。

延庆话2：旧社会赶上了饥荒年月，缸里空了，再也㧡（wǎ）不出米来了。

歪不楞

释义：不端正。

《儿女英雄传》第三十二回：可怜我见他那几个跟班儿的跑了倒有五七趟，一个儿也没叫了来。落从下场门儿里钻出个歪不楞的大脑袋小旦来，一手纯泥的猴儿指甲。

延庆话：他财大气粗，得意忘形，走起路来总是歪不楞的样子。

外　道

释义：原为佛教用语，延庆话里意为见外。

《红楼梦》1："姊妹们虽拙，大家一处伴着，亦可以解些烦闷。或有委屈之处只管说得，不要外道才是。"（第三回　贾雨村夤缘复旧职　林黛玉抛父进京都）

《红楼梦》2：平儿笑说道："我们奶奶说，姑娘特外道的了不得！"岫烟道："不是外道，实在不过意。"（第九十回　失绵衣贫女耐嗷嘈　送果品小郎惊匝测）

延庆话：咱们可是姑舅亲，砸断骨头还连着筋呢，你这么说可就外道了。

外父/外母

释义：岳父/岳母。

《金瓶梅》第九十三回：敬济道："家外父死了，外母把我撵出来。"

延庆话：我的姑舅哥——庚柱哥，从不称岳父和岳母，而称外父和外母。

汪

释义：指喝的东西多聚集在胃里下不去，让人很不舒服。

《金瓶梅》第七十五回：月娘陪大妗子坐着，说道："你看这回气的我，两只胳膊都软了，手冰冷的。从早辰吃了口清茶，还汪在心里。"

延庆话：晚上多喝了几瓶啤酒，一夜里肚子汪了吧叽的。

忘八羔子

释义：骂人行为不正的话。（清·赵翼《陔余丛考·卷三八》："明人小说又谓之忘八，谓忘礼、义、廉、耻、孝、悌、忠、信八字也。"）

《红楼梦》：因趁着酒兴，先骂大总管赖二，说他不公道，欺软怕硬，"有了好差事就派别人，像这样黑更半夜送人的事，就派我。没良心的忘八羔子！瞎充管家！你也不想想，焦大太爷跷起一只腿，比你的头还高呢。二十年头里的焦大太爷，眼里有谁，别说你们这一把子杂种忘八羔子们！"（第七回 送宫花贾琏戏熙凤 宴宁府宝玉会秦钟）

延庆话：这个小忘八羔子比他爹还难揍，整天歪脖横狠似的，早晚也得到监狱进修学习。

王留/王留儿

释义：元明戏剧中常用作插科打诨的角色名，形容生活中言行滑稽可笑的人。（清·毛奇龄《西河诗话》六卷："明玉熙宫承应有御前王留子杂剧。王留，见元曲，是善撒科、所云打牙诨匹者。或曰，天启六年有钟鼓司金书王朝进绰号王瘤子，善抹脸诙谐，如旧时优伶然。尝在御前打匹魏监，以为笑乐。瘤子即留子。"）

《竹叶舟》四折："看王留撒会科，听沙三嘲会歌。"

《簪花髻》："引得那王留儿足力力紧地随，逗得那胖姑儿气吁吁声喘息。"

延庆话：岳母的老闺密眼里不揉沙子，她将村中滑稽可笑而又讨人嫌的一位老太太戏称为老王留。后来我才知道这个称呼大有来头。

稳拍拍

释义：稳稳地。拍拍，后缀，无义。

《金瓶梅》第九十八回：哥哥你三五日下去走一遭，查算帐目，管情见一月，你稳拍拍的有四十两银子利息，强如做别的生意。

延庆话：老陈这些年瞅准市场信息，买房卖房，稳拍拍地赚了一套别墅。

握

释义：将物体用棍子一头挑起来，用肩膀做支点，两手握住棍子另一头行走。

《西游记》：那老妖还睡着了，即将他四马攒蹄捆倒，使金箍棒掬起来，握在肩上，径出后门。（第八十六回　木母助威征怪物　金公施法灭妖邪）

延庆话：老张有把子力气，上山砍柴上百斤，捆好之后，握在肩上就轻松下山了。

兀秃/兀兀秃秃

释义：不冷不热的。

《生金阁》三折：可酾些不冷不热、兀兀秃秃的酒与他吃。

《醒世姻缘传》第六十九回：半生半熟的咸面馍馍，不干不净的兀秃素菜。

延庆话：冷也罢热也罢，吃饭千万别吃兀兀秃秃的。兀秃水更不能喝，喝了容易闹肚子。

乌压压

释义：人数很多，黑压压一大片。

《红楼梦》：众丫头婆子见贾母十分高兴，也都高兴，忙忙的各自分头去请的请，传的传，没顿饭的工夫，老的，少的，上的，下的，乌压压挤了一屋子。（第四十三回　闲取乐偶攒金庆寿　不了情暂撮土为香）

延庆话：我们上学的时候，不论中学还是小学，每个班都乌压压坐满五十多人。

乌眼鸡

释义：乌眼鸡好斗，喻冤家对头；喻强悍凶狠的人。

《金瓶梅》第十一回：当初在家，把亲汉子用毒药摆死了，跟了来。如今把俺们也吃他活埋了。弄的汉子乌眼鸡一般，见了俺们便不待见。

《红楼梦》：也没见你们两个人有些什么可拌的，三日好了，两日恼了，越大越成了孩子了！有这会子拉着手哭的，昨儿为什么又成了乌眼鸡呢！（第三十回　宝钗借扇机带双敲　龄官划蔷痴及局外）

延庆话：老郑与老相好小云住在一个楼上，每当老郑夫人在电梯看到小云，立刻冷嘲热讽，两个人很快就变成两只恶语相向的乌眼鸡。

呜哩呜喇（wū lǐ wū lā）

释义：形容语言含混，别人听不明白。

《西游记》：却是一个美貌佳人，径上佛殿。行者口里呜哩呜喇，只情念经。（第八十一回　镇海寺心猿知怪　黑松林三众寻师）

《初刻拍案惊奇》卷二：奇汪锡将袖子掩住他口，丫头尚自呜哩呜喇的喊。

《初刻拍案惊奇》卷六：县官升堂，众人把卜良带到。县官问他，只是口里呜哩呜喇，一字也听不出。县官叫掌嘴数下，要他伸出舌头来看，已自没有尖头了，血迹尚新。

延庆话：我们村的程哑巴十分聪明，除了不会说话，和正常人一样。他高兴时基本能和人比画着正常交流，他一生气就呜哩呜喇，谁也听不明白了。

无可不可

释义：也作"无可无不可"。1. 无所不可，都能做到。2. 犹言不知如何是好，形容情绪激动至极。

《红楼梦》1：探春道："老太太一见了，喜欢的无可不可，已经逼着太太认了干女儿了。老太太要养活，才刚已经定了。"（第四十九回　琉璃世界白雪红梅　脂粉香娃割腥啖膻）

《红楼梦》2：尤氏深知邢夫人情性，本不欲管，无奈贾母亲嘱咐，只得应了，惟有忖度邢夫人之意行事。薛姨妈是个无可无不可的人，倒还易说。这且不在话下。（第五十七回 慧紫鹃情辞试忙玉 慈姨妈爱语慰痴颦）

延庆话：见到十多年没有音信的外甥来到面前，姨娘高兴得无可不可，忙着张罗定县城最好的饭店。

五黄六月

释义：指农历五六月份，其时夏粮成熟，正是农忙时节。多指天气炎热。

《西游记》："只为五黄六月，无人使唤，父母又年老，所以亲身来送。"（第二十七回 尸魔三戏唐三藏 圣僧恨逐美猴王）

延庆话：五黄六月，又收又种，又锄地又施肥，是农村最忙碌的时节。

五积六受

释义：形容由于身体心里不舒适，做出细小的反常动作。

《醒世姻缘传》第五十九回：狄婆子道："这五积六受的甚么模样？可是叫亲家笑话。"

延庆话：小王给女朋友发微信，对方就是不回，看着他五积六受魂不守舍的样子，我们忍不住笑了。

X

希　嫩

释义：形容食物做得特别鲜嫩可口。

《红楼梦》：已预备下希嫩的野鸡，请用晚饭去，再迟一回就老了。（第五十回　芦雪庵争联即景诗　暖香坞雅制春灯谜）

延庆话：我老婆做的鸡蛋羹希嫩，再撒上葱花，滴上香油，别提有多好吃了。

嘻溜哗喇 (xī liū huā lā)

释义：形容东西倾覆到地上声音很杂乱惊人。

《红楼梦》：一语未了，只听得屋内嘻溜哗喇的乱响，不知是何物撒了一地。（第六十四回　幽淑女悲题五美吟　浪荡子情遗九龙佩）

《儿女英雄传》第三十一回：才上房，后脚一带，又把一溜檐瓦带下来，嘻溜哗啦闹了半院子，闹的大不成个"梁上君子"的局面。

延庆话：老外父（岳父）喝高了，在酒桌上竟然和女婿小彭喊起了"哥俩好"，一高兴压翻了桌子，顿时间嘻溜哗喇饭菜碟子盘子散了一地。

喜雀（xǐ qiǎo）

释义：喜鹊的别称。

《水浒传》：弩子响处，正中喜雀后尾，带了那枝箭，直飞下冈子去。燕青大踏步赶下冈子去，不见了喜雀。（第六十二回　放冷箭燕青救主　劫法场石秀跳楼）

延庆话：早起喜雀叫，好事要来到。

瞎来来

释义：轻率从事，瞎说胡搅。也称"胡来来"，即胡说，满口谎言、瞎话。

《官场现形记》第八回：你这人真是瞎来来！我们的官是拿银捐来的，又不是卖身。

延庆话：你再瞎来来，马上给我滚出去。

瞎诌

释义：随口乱编，瞎说。

《金瓶梅》第六十一回：西门庆道："你这花子单管只瞎诌。倒是个女先生。"

延庆话：听说有人撒播关于自己的谣言，张大爷气愤地说："这简直是瞎诌，一派胡言！"

下马面

释义：俗语"上马饺子下马面"。上马饺子，是因为形似元宝，客人或是家人要出远门，祝贺他们在外发财的意思，也就是给予他们的一种祝福；下马面，是在指客人的到来，面条就像绳子似的绊住客人的脚，希望客人能多住几天，这也代表了留客的诚意。

《儿女英雄传》第十三回：说着，摆上饭来，又有太太送来几样可吃的菜并"下马面"。

延庆话：《北京晚报》来挂职的同志已经报到，今晚我们请他吃"下马面"，大家作陪捧场啊。

吓毛了

释义：吓得汗毛都竖起来了，形容非常害怕。

《红楼梦》：书办也说："谁不知道李十太爷是能事的，把我一诈就吓毛了。"大家笑着走开。（第九十九回　守官箴恶奴同破例　阅邸报老舅自担惊）

延庆话：俗话说做贼心虚，听说有人暗中调查，汪某早吓毛了。

下　蛆

释义：找碴，挑拨是非。

《红楼梦》：那起小人眼馋肚饱，连没缝儿的鸡蛋还要下蛆呢，如今有了这个因由，恐怕又造出些没天理的话来也定

不得。(第七十四回　惑奸谗抄检大观园　矢孤介杜绝宁国府)

延庆话：魏女士有个与生俱来的本事或者习惯，那就是捕风捉影道听途说，没缝下蛆挑拨是非，故此人送外号"万人嫌"。

献　宝

释义：1. 献出珍贵的物品。2. 比喻显示自己的东西或自以为新奇的东西。

《红楼梦》：鸳鸯道："好讨人嫌。家里有了一个女孩儿生得好些，便献宝的似的，常常在老太太面前夸他家姑娘长得怎么好，心地怎么好，礼貌上又能，说话儿又简绝，做活计儿手儿又巧，会写会算，尊长上头最孝敬的，就是待下人也是极和平的。"(第九十四回　宴海棠贾母赏花妖　失宝玉通灵知奇祸)

延庆话：你看人家闺女多争气，结婚一年就生个外孙，这不今天回家献宝来了。

献　勤

释义：献殷勤。

《水浒传》：武松献勤，提了一条哨棒，径抢入后堂里来。只见那个唱的玉兰慌慌张张走出来指道："一个贼奔入后花园里去了！"(第二十九回　施恩三入死囚牢　武松大闹飞云浦)

《西游记》：那老怪道："你们来怎的？我往自家儿子去处，愁那里没人伏侍，要你们去献勤塌嘴？都回去！关了门

看家!"（第三十四回　魔王巧算困心猿　大圣腾那骗宝贝）

《红楼梦》：周瑞家的虽不管事，因他素日仗着是王夫人的陪房，原有些体面，心性乖滑，专管各处献勤讨好，所以各处房里的主人都喜欢他。（第七十一回　嫌隙人有心生嫌隙　鸳鸯女无意遇鸳鸯）

延庆话：张窈窕练就了一身献勤的好本事，她的几任上司都让她的无微不至的献勤弄得五迷三道找不到北了。

现世宝

释义：用来形容给人丢脸、总是出丑，指不成器的人。

《红楼梦》：他母姊二人也十分相劝，他反说："姐姐糊涂。咱们金玉一般的人，白叫这两个现世宝沾污了去，也算无能。"（第六十五回　贾二舍偷娶尤二姨　尤三姐思嫁柳二郎）

延庆话：二嘎子真是不折不扣的现世宝，拆迁老房子他分了三个楼门，价值千万，于是他吃喝嫖赌毫无顾忌地潇洒起来。不过两年，他已经回到贫困线上，继续早出晚归拉板车了。

现　眼

释义：丢脸，丢丑。

《红楼梦》："别修的像我嫁个糊涂行子，守活寡；那就是活活儿的现了眼了！"（第八十三回　省宫闱贾元妃染恙　闹闺阃薛宝钗吞声）

《儿女英雄传》第三十一回：作贼的落到这个场中，现眼也算现到家了。

延庆话：窝窝头翻过——现眼！（延庆歇后语）

响亮话

释义：痛快话。

《红楼梦》：那尤三姐放出手眼来，略试了一试他弟兄，两个竟全然无一点别识别见，连口中一句响亮话都没了，不过是酒色二字而已。（第六十五回　贾二舍偷娶尤二姨　尤三姐思嫁柳二郎）

延庆话：大姐是个喜欢说响亮话的人，她最瞧不上三脚踹不出一个屁的人。

消消停停

释义：不慌不忙，安稳平静。

《红楼梦》：宝钗忙劝道："妈和哥哥且别叫喊，消消停停的，就有个青红皂白了。"（第三十四回　情中情因情感妹妹　错里错以错劝哥哥）

延庆话：我最大的愿望就是一家人消消停停过日子。

小孩子嘴里讨实话/小孩子嘴里套实话

释义：小孩子口里能哄出真实情况来。

《施公案》第四十九回：黄天霸听了，估量着小孩子嘴里讨实话，必然是真，暗说：这就不用忙了。

《龙图耳录》第七十九回："俗语说的好，'小孩子嘴里套实话'。小侄若到开封府去出首，叫别人想不到这一宗大事，却用个小孩子作个硬证，此事方是千真万真。"

延庆话：人们说孩子天真无邪，其中之一就是因为小孩子嘴里讨实话。

小李/小利

释义：扒手。明·叶盛《水东日记·小李》："蜀人以交子贸易，藏腰间，盗善以小刃取之稠人中如己……即今京师小李之类。"清·沈涛《瑟榭丛谈》下卷："近世窃钩之徒窜身都市。潜于人从中割取佩物，俗呼剪绺……京师则称为小李。"

《齐天大圣》第三折："则为俺齐天大圣无廉无耻盗仙丹做了小李。"

《负曝闲谈》第九回：却说周劲斋望身上一摸，一只四喜袋不知去向，便急得面容失色。贾子蛰忙问可是给小利偷了东西去。劲斋道："岂敢！"

延庆话：我们小时候出门上街，父亲总是提醒我们要小心小李/小利偷东西。我们问父亲为什么小偷叫小李或者小利，父亲说北京城都这么叫。

小人儿/小人

释义：小孩儿。

《西游记》：行者看了道："好笑！干净都是些小人儿！长的也只有二尺五六寸，不满三尺；重的也只有八九斤，不满十斤。"喝道："你是谁?"（第七十二回　盘丝洞七情迷本　濯垢泉八戒忘形）

《红楼梦》：麝月道："怪道老太太常嘱咐说小人屋里不可多有镜子。人小魂不全，有镜子照多了睡觉惊恐作胡梦。"（第五十六回　敏探春兴利除宿弊　贤宝钗小惠全大体）

延庆话：我们上学那阵子，男生称女生为"内丫头"，女生则称男生为"内小人儿"，够各色的吧。

小　婶

释义：亦称"小婶儿""小婶子"，称夫弟之妻。

《红楼梦》：所以这几年一应事情，他说什么，从你小婶和你媳妇起，以至家下大大小小，没有不信的。所以不单我得靠，连你小婶媳妇也都省心。（第四十七回　呆霸王调情遭苦打　冷郎君惧祸走他乡）

延庆话：嫂子是个工作狂，小婶儿是个健身迷，两人虽说住所相距不远，可平常根本见不到面。

小小子

释义：对小男孩儿的昵称。

《儒林外史》第二十九回：杜慎卿带着这小小子同三人步出来，被他三人拉到聚升楼酒馆里。

《儿女英雄传》第十四回：华忠一面倒茶，内中一个小小子叫他道："大舅哇，我大婶儿叫你老倒完了茶进去一遭呢。"

延庆话：他们家小小子儿更霸气，哥哥考上人民大学，他考上了清华大学。

小性儿

释义：胸襟狭窄，爱闹脾气。

《红楼梦》：你林姐姐那是个最小性儿，又多心的，所以到底不长命。（第一零八回　强欢笑蘅芜庆生辰　死缠绵潇湘闻鬼哭）

延庆话：女孩子应该感情细腻，但那不等于处处都耍小性儿，否则就会失去很多朋友的。

小崽子

释义：骂小孩子的话，有时也有亲昵的成分。

《红楼梦》：这璜大奶奶不听则已，听了一时怒从心上起，说道："这秦钟小崽子是贾门亲戚，难道荣儿不是贾门的亲戚！"（第十回　金寡妇贪利权受辱　张太医论病细穷源）

延庆话：我们上学时开家长会，听得最多的一句话就是：老师，我们家小崽子就交给您了，不听话您就揍他，我们绝不护犊子。

歇晌 (xiē shǎng)

释义：中午休息。

《红楼梦》：一时贾母歇晌，大家散出，都知贾母今日生气，皆不敢各散回家，只得在此暂候。（第七十三回　痴丫头误拾绣春囊　懦小姐不问累金凤）

延庆话：小时候，夏天大人们歇晌时，正是我们小伙伴"集体作案"的时间，游野泳，掏鸟蛋，偷瓜果，忙得不亦乐乎。

斜　溜

释义：眼睛横斜扫视而过，多含贬义。

《金瓶梅》第二十四回：敬济一壁接酒，一面把眼儿斜溜妇人，说："五娘请尊便，等儿子慢慢吃！"

延庆话：老师批评调皮男生："别总斜溜漂亮姐，上课看黑板！"

斜　签

释义：为了表达尊重，偏斜着身子坐着或者站着。

《红楼梦》1：这门子听说，方告了座，斜签着坐了。（第四回　薄命女偏逢薄命郎　葫芦僧乱判葫芦案）

《红楼梦》2：贾芸也不敢再回贾政，斜签着身子慢慢的溜出来，骑上了马来赶贾琏。（第一一二回　活冤孽妙尼遭大劫　死雠仇赵妾赴冥曹）

《儿女英雄传》第三十三回：安老爷是有旧规矩的，但是赐儿媳坐，那些丫鬟们便搬过三张小矮凳儿来，也分个上下手，他三个便斜签着伺候父母公婆坐下。

延庆话：父亲生前告诉我，过去见了长辈礼行特别大，要经常斜签着身子坐着或者站着。

心慈面软

释义：心地慈善，放不下情面。

《红楼梦》："待要不出个主意，我又是个心慈面软的人，凭人撮弄我，我还是一片痴心。"（第六十八回 苦尤娘赚入大观园 酸凤姐大闹宁国府）

《镜花缘》第二十三回："俺本心慈面软，又想起君子因交易光景，俺要学他样子，只好吃些亏卖了。"

延庆话：领导批评老葛："慈不掌兵，仅仅心慈面软怎么能当好干部呢？"

心到神知

释义：旧时指诚心敬神，恭敬的心情到了神明自然知道。

《红楼梦》：凤姐儿说道："大老爷原是好养静的，已经修炼成了，也算得是神仙了。太太们这么一说，这就叫作'心到神知'了。"一句话说的满屋里的人都笑起来了。（第十一回 庆寿辰宁府排家宴 见熙凤贾瑞起淫心）

延庆话：每逢兄弟姐妹们一起给父母上坟祭拜时，大哥总要念叨："人敬鬼吃，心到神知。"

心　盛

释义：心切，喜欢，情绪高涨。

《红楼梦》1：袭人在旁，也看着未必是那一块，只是盼得的心盛，也不敢说出不象来。（第九十五回　因讹成实元妃薨逝　以假混真宝玉疯颠）

《红楼梦》2：只听那人又说道："婶娘只管享荣华受富贵的心盛，把我那年说的立万年永远之基都付于东洋大海了。"（第一零一回　大观园月夜感幽魂　散花寺神签惊异兆）

延庆话：刚从大山里来到北京上大学那阵子，我看着什么都心盛。

心　影

释义：心里不舒服，疑惧不安。

《醒世姻缘传》第四十五回1：薛教授长吁了两口气，说道："他前日黑夜那个梦，我极心影。他如今似变化了的一般，这不是着人换了心去么？"

《醒世姻缘传》第七十一回2："你摸在旁里只管站着，不怕我心影么？"

延庆话：老王一直心影是小刘写黑信在诬告她。

心　重

释义：指思虑过多，遇事心里总放不下。

《红楼梦》：他这去必有原故，敢是有人得罪了他不成？

那孩子心重，亲戚们住一场，别得罪了人，反不好了。（第七十八回　老学士闲征姽婳词　痴公子杜撰芙蓉诔）

延庆话：我媳妇心重，多愁善感，亲友们一般不敢和她开玩笑。

秀　溜

释义：形容动作轻巧，灵活漂亮。

《西游记》：好大圣，跳下峰头，私至洞口摇身一变，变做个麻苍蝇儿。真个秀溜！（第五十一回　心猿空用千般计　水火无功难炼魔）

延庆话：延庆花会跑旱船，跑起来那叫一个秀溜，就跟漂在水上似的。

虚　话

释义：夸张而不切实际的话。

《喻世明言》第一卷：（兴哥）心下沉吟：有这等异事！现在珍珠衫为证，不是个虚话了。

《初刻拍案惊奇》卷八："今日见说，却记得你前年间曾言苏州所遇，果非虚话了。"

延庆话：老米看似厚道，实则是个用虚话忽悠人的老江湖。

虚　留

释义：虚情假意地挽留。

《红楼梦》：凤姐乃道："这是二十两银子，暂且给这孩子做件冬衣罢。若不拿着就真是怪我了。这钱雇车坐罢。改日无事，只管来逛逛，方是亲戚们的意思。天也晚了，也不虚留你们了，到家里该问好的问个好儿罢。"（第六回 贾宝玉初试云雨情 刘姥姥一进荣国府）

延庆话：母亲经常讲舅姥姥虚留他们吃饭一事，从中午就说等吃了饭再走，可到了日头偏西舅姥姥还是光动嘴不动手，母亲和几个亲戚一赌气饿着肚子回家了。

旋的不圆砍的圆/镟的不圆砍的圆

释义：意思是专门工具旋转切削的东西不圆，用刀斧砍的反倒圆。比喻事情反常。旋，用车床切削或用刀子转着圈削。砍，手工用刀斧等工具使物体变圆。

《金瓶梅》第二十九回1：常言道："凡人不可貌相，海水不可斗量。"从来旋的不圆砍的圆，各人裙带上衣食，怎么料得定？

《金瓶梅》第七十三回2：月娘道："好六姐，常言道：好人不长寿，祸害一千年。自古镟的不圆砍的圆。你我本等是迟货，应不上他的心，随他说去罢了。"

延庆话：很多人都认为门当户对天经地义，但是旋的不圆砍的圆，唯其如此，王子和灰姑娘、公主和穷小子的爱情故事长远流传。

Y

压罗罗

释义：压肩叠背拥挤不堪的样子。延庆话有"压摞摞"，意思用法相同。

《金瓶梅》第五回：忽然被一阵风来，把个婆子儿灯下半截割了一个大窟窿。妇人看见，笑个不了。引惹的那楼下看灯的人，挨肩擦背、仰望上瞧，通挤匝不开，都压罗罗儿。

延庆话：小时候我们男孩子喜欢在野地摔跤，经常很多人乱成一团"压罗罗"。

压　压

释义：胃口不舒服，通过吃喝其他东西得到缓解。

《金瓶梅》第七十二回：金莲道："略有些咸味儿。你有香茶与我些压压。"

延庆话：我有点恶心，赶紧吃了个苹果压压才舒服一些。

鸦没雀静／哑默悄静

释义：乌鸦麻雀都不叫了，形容没有一点声息。也写作"鸦没鹊静"，意思相同。

《红楼梦》：凤姐儿笑道："我那里是孝敬的心找来了？我因为到了老祖宗那里，鸦没雀静的，问小丫头子们，他又不肯说，叫我找到园里来。"（第五十回　芦雪庵争联即景诗　暖香坞雅制春灯谜）

《儿女英雄传》第五回：老爷家里有一点摘不开的家务，故此不曾出去。你要哑默悄静的过去，我也不耐烦去请你来了。

延庆话：我最留恋的是上大学在图书馆的时光，偌大一个图书室几百人鸦没雀静的，所有人都在认真读书学习。

牙碜（yá chen）

释义：1. 食物中夹杂着沙子，嚼起来牙齿不舒服。2. 比喻言语粗鄙不堪入耳。

《红楼梦》：平儿方欲笑答，只听山石背后哈哈的笑道："好个没脸的丫头，亏你不怕牙碜。"（第四十六回　尴尬人难免尴尬事　鸳鸯女誓绝鸳鸯偶）

延庆话：我们小时候生活条件差，饭菜中常吃出沙土细末，十分牙碜。

盐从那么咸，醋打那么酸

释义：指事物都有它的起因和根源，应该仔细探求。延庆话简化为"盐从哪咸，醋打哪酸"，意思用法一样。

《儿女英雄传》第二十六回：张金凤道："怎么闲话呢？姐姐，'盐从那么咸，醋打那么酸'？不有当初，怎得今日？"

延庆话：老领导，我能有今天离不开您的帮助，"盐从哪咸，醋打哪酸"，我心里清楚。

眼馋肚饱

释义：吃饱了还想吃，形容人贪心大，没有满足的时候。

《红楼梦》：凤姐道："嗳！往苏杭走了一趟回来，也该见些世面了，还是这么眼馋肚饱的。你要爱他不值什么，我去拿平儿换了他来如何？"（第十六回　贾元春才选凤藻宫　秦鲸卿夭逝黄泉路）

延庆话：孟老师经常告诫我们：人要知足常乐，不要眼馋肚饱，贪得无厌。

眼儿热／眼热

释义：看到别人的东西产生羡慕的心理，想拥有它。

《儿女英雄传》第三十二回：今日之下他倒作了你老人家的嫡亲儿女，我这干女儿可倒漂了，我越瞧越有点子眼儿热。

《义犬记》第一出：我见世上的事，事事眼热，事事要做，做了便得，得了便厌，厌了便丢。

《二十年目睹之怪现状》第二十二回：其实他是眼热那富贵人的钱，又没法去分他几个过来，所以做出这个样子。

延庆话：看到邻居们都盖了二层小楼，老张真的有些眼儿热。

芫荽（yán sui）

释义：通称香菜。

《儒林外史》第十二回：权勿用道："先生，你这话又欠考核了。古人所谓五荤者，葱、韭、芫荽之类，怎么不戒？酒是断不可饮的。"

延庆话：我从小就吃不了芫荽，后来发现很多人都这样，有科学杂志说不吃香菜和人的基因有一定联系。

言　语

释义：说话，讲话。

《水浒传》1：呼延灼喝道："休言语，随在我马后走！"（第六十四回　呼延灼月夜赚关胜　宋公明雪天擒索超）

《水浒传》2：张干办道："放着我两个，万丈水无涓滴漏。"张叔夜再不敢言语。（第七十五回　活阎罗倒船偷御酒　黑旋风扯诏骂钦差）

延庆话：我妈手机关机了，等她回来，你跟她言语一声，就说我到集上买肉去了。

扬　场

释义：在场院用木锨等农具播扬谷物、豆类等，以去掉壳、叶和尘土。

《儿女英雄传》第十四回：走了里许，好容易看见路南头远远的一个小村落，村外一个大场院，堆着大高的粮食，一簇人像是在那里扬场呢。

延庆话：陈大爷是扬场的好把式，看他的扬场是一种视觉享受，如果那时候能拍下他扬场的照片，肯定能获奖。

羊群里跑出骆驼来

释义：比喻在寻常的人或事物中出现了不同寻常的人或事物。

《红楼梦》：贾母道："我不信。不然就也是你闹了鬼了。如今你还了得，'羊群里跑出骆驼来了，就只你大'。你又会做文章了。"（第八十八回　博庭欢宝玉赞孤儿　正家法贾珍鞭悍仆）

延庆话：刘宝生堪称我们那个年代永宁古城羊群里跑出的骆驼，先是以优异成绩考入清华大学，20多年后，他已经是空军少将和导弹专家了。

佯打耳睁（yáng dǎ ěr zhēng）

释义：指假装没有听到，没有看见，也指人稀里糊涂。

《金瓶梅》第五十八回：春梅道："我头里就对他说，你趁娘不来，早喂他些饭，关到后边院子里去罢。他佯打耳睁的不理我，还拿眼儿瞅着我。"

延庆话：老沈平时工作佯打耳睁，一旦单位发福利，他就耳聪目明一马当先了。

洋沟/阳沟

释义：院子里和房屋下的排水沟。

《金瓶梅》第十九回："不提防鲁华又是一拳，仰八叉跌了交，险不倒栽入洋沟里，将发散开，巾帻都污浊了。"

《醒世姻缘传》第二十六回：大盆的饭都倒在泔水瓮里！还有恐怕喂了猪，便宜了主人，都倒在阳沟里面流了出去！

延庆话：小时候住四合院，下雨天最怕杂物堵洋沟，一堵我们就得冒雨用竹竿疏通。

仰巴叉/仰爬脚子

释义：身体向后摔倒，四肢叉开的样子。或指仰面朝天地躺着。

《儒林外史》第五十四回：看见和尚仰巴叉睡在地下，不成模样。

《儿女英雄传》第三十九回：一天，他忽然趿着个板凳子，上柜子去不知拿甚么，不想一个不留神，把个板凳子登翻了，咕咚一跤跌下来，就跌了个大仰爬脚子。

延庆话：一次和朋友出差，洗完澡后没提防地板很滑，一下子栽了个仰爬脚子，幸好没伤着骨头。

仰　尘

释义：古称承尘，承尘土之幕也，后指顶棚、天花板。

《醒世姻缘传》第七回1：连夜传裱背匠，糊仰尘，糊窗户。

《醒世姻缘传》第四十九回2：晁梁喜的那嘴裂的再合不上来。没等对月，他催着晁夫人把那里间重糊了仰尘，糊了墙，绿纱糊了窗户，支了万字藤簟凉床、天蓝冰纱帐子，单等过了对月就要来住。

延庆话：姑舅哥是个糊仰尘的师傅，他蹬着板凳，嘴里叼着手里拿着花金纸，仰着头糊出来的图案严丝合缝，浑然一体，好看极了。

漾　奶

释义：新生儿出生后的头几个星期，常常在吃完奶后从口边返流出一些奶液，每天可有多次，这种情况俗语叫"漾奶"。

《金瓶梅》第三十三回：月娘道："我已叫刘婆子来了。吃了他药，孩子如今不漾奶，稳稳睡了这半日，觉好些了。"

延庆话：儿科医生告诫说：婴儿漾奶是正常现象，不是什么疾病，但是不及时发现会造成呼吸困难。

腰里夹着个死老鼠，假充打猎的

释义：比喻冒充有能耐。

《冷眼观》第二十八回：你别要又来腰里夹着个死老鼠，假充打猎的了。

延庆话："腰里夹着个死老鼠——假充打猎的"，这是很多延庆人常用的一句歇后语。

摇铃打鼓/扬铃打鼓

释义：比喻大肆张扬宣传以使大家都知道。

《金瓶梅》第六十二回：西门庆道："既是你乔亲家爹主张，兑三百二十两抬了来罢，休要只顾摇铃打鼓的。"

《红楼梦》：话说平儿出来吩咐林之孝家的道："大事化为小事，小事化为没事，方是兴旺之家。若得不了一点子小事，便扬铃打鼓的乱折腾起来，不成道理。"（第六十二回　憨湘云醉眠芍药裀　呆香菱情解石榴裙）

延庆话：老伴催促我：快去找你兄弟玩去吧，你看他微信上摇铃打鼓多热闹。

咬群儿

释义：原指牲畜在群体中常和别的牲畜争斗，比喻某些人爱跟周围的人闹纠纷。

《金瓶梅》第十二回：西门庆道："你到休怪他。他那日本等心中不自在，他若好时，有个不出来见你的？这个淫妇，我几次因他咬群儿，口嘴伤人，也要打他哩！"

《醒世姻缘传》第十二回：但这等倔强的人，那个肯教他做科道？一堂和尚，叫你这个俗人在里边咬群儿！但又是个甲科，又不好挤他下水，只得升了他个礼部主事，印了脚步行去，升了郎中。

延庆话：郦某信奉斗争哲学，从上学到退休，是个让人讨厌的咬群儿专家。

咬舌根

释义：说瞎话，搬弄是非。

《红楼梦》：如今咱们家里更好，新出来的这些底下字号的奶奶们，一个个心满意足，都不知道要怎么样才好，少不得意，不是背地里咬舌根，就是调三窝四的。（第七十一回 嫌隙人有心生嫌隙 鸳鸯女无意遇鸳鸯）

延庆话：一个团队最忌讳的就是乱咬舌根的人太多。

噎　人

释义：指说话不考虑别人的感受，很刺激对方的心理防线和忌讳，使人难堪和不好回答。

《红楼梦》：史湘云道："你不说你的话噎人，倒说人性急。"（第三十二回 诉肺腑心迷活宝玉 含耻辱情烈死金钏）

延庆话：老商是个天生的杠头，你说东他说西，你说狗他说鸡。别人一张嘴他就塞个蚂蚱，噎人的话一套一套的。

夜游子

释义：指喜欢深夜活动的人。

《儿女英雄传》第二十二回："你有本事醒一夜，他可以合你说一夜。那是我们家有名儿的夜游子，话拉拉儿。"

延庆话：很多有成就的人都是夜游子，因为夜深人静更能集中精力搞研究和写作。

拽着脖子（yè zhe bó zi）

释义：过去大牲畜拉车主要靠脖子和肩用力，后来比喻人拼命努力。

《金瓶梅》第五十二回：如今年程，论不得假真。个个人古怪精灵，个个人久惯牢成，倒将计活埋把瞎缸暗顶。老虔婆只要图财，小淫妇儿少不得拽着脖子往前挣。

延庆话：为了冬奥会能成功举办，我们拽着脖子拼命干值了。

一憋气（yī biē qì）

释义：一口气。

《儿女英雄传》第三十七回：他拿起来，一憋气就喝了个酒干无滴，还向着太太照了照杯，乐得给太太磕了个头，又给二位奶奶请了俩安。

延庆话：老孙水性很好，一憋气能钻水 20 多米远。

一搭里/一答儿里

释义：一起，一处，一块儿。

《金瓶梅》第一回 1：伯爵道："你两个财主的都去了，丢下俺们怎的！花二哥你再坐回去。"西门庆道："他家无人，俺两个一搭里去的是，省和他嫂子疑心。"

《金瓶梅》第二十七回 2：李瓶儿道："咱两个一答儿里去，奴也要看姐姐穿珠花哩。"

延庆话：别看他们三人表面上关系一般，实际上是一搭里的。

一个模子铸的

释义：形容形状或相貌完全相同。

《西游记》：他的铃儿怎么与我的铃儿就一般无二！纵然是一个模子铸的，好道打磨不到，也有多个瘢儿，少个蒂儿，却怎么这等一毫不差？（第七十一回 行者假名降怪犼 观音现像伏妖王）

延庆话：这两个孩子长得一模一样，简直一个模子铸的。

一个衣包里爬出来的

释义：指一母所生的亲兄弟姐妹。

《红楼梦》：我劝你走罢，别拉拉扯扯的了。我们还有正经事呢。谁是你一个衣包里爬出来的，辞他们作什么，他们看你的笑声还看不了呢。（第七十七回 俏丫鬟抱屈夭风流

美优伶斩情归水月)

延庆话：咱们是一个衣包里爬出来的，互相照顾是天经地义的。

一搅果 (yī jiǎo guǒ)

释义：一齐，一总，计算。

《金瓶梅》第五十七回：薛姑子又道："老爹，你那里去细细算他，止消先付九两银子，叫经坊里印造几千万卷，装钉完满，以后一搅果算还他就是了。"

延庆话：忙了一年到年底一搅果，竟然还赔了一些。

一景儿

释义：一样，同类。

《红楼梦》：贾政向来作京官，只晓得郎中事务都是一景儿的事情，就是外任原是学差，也无关于吏治上。（第九十九回　守官箴恶奴同破例　阅邸报老舅自担惊）

延庆话：这个人脑子有点毛病，只能干一景儿活。换个新活儿，他要很长时间才能胜任。

一客不烦二主

释义：一位客人不用劳烦两位主人接待。比喻一件事情找一个人全部负责，不用再找其他人帮忙。

《水浒传》：王婆便道："大官人不来时，老身也不敢来宅上相请。一者缘法，二乃来得恰好。常言道：'一客不烦二主。'大官人便是出钱的，这位娘子便是出力的。不是老身路歧相烦，难得这位娘子在这里，官人好做个主人，替老身与娘子浇手。"（第二十四回　王婆贪贿说风情　郓哥不忿闹茶肆）

《金瓶梅》第五十一回：他再三央及我对你说，一客不烦二主，你不接济他这一步儿，交他又问那里借去？

延庆话：俗话说："一客不烦二主。"你这件事找了这么多彼此熟悉或者有矛盾的人帮忙，效果可想而知。

一溜/一溜儿

释义：一行。

《红楼梦》：那贾环兄弟等，却也排班按序，一溜随着他二人进来。（第五十四回　贾太君破陈腐旧套　王熙凤效戏彩斑衣）

《海上花列传》第九回：只见大菜桌前一溜儿摆八支外国藤椅。

延庆话："今天晌午偷偷洗身子下午上课迟到的，排成一溜儿在南墙根站好!"女老师生气地命令这些不听话的小男生。

一抿子

释义：一点点，一小宗。抿子，原指刮削头发的小刷子或片子，引申作量词。

《红楼梦》：环哥娶亲有限，花上三千银子，若不够，那里省一抿子也就够了。（第五十五回　辱亲女愚妾争闲气　欺

幼主刁奴蓄险心）

延庆话：就剩下这一抿子活了，大家抓紧时间干完了，省得明天还来。

一时半晌

释义：是指很短的时间。

《红楼梦》：迎春道："何用问，自然是他拿去暂时借一肩儿。我只说他悄悄的拿了出去，不过一时半晌，仍旧悄悄的送来就完了，谁知他就忘了。今日偏又闹出来，问他想也无益。"（第七十三回　痴丫头误拾绣春囊　懦小姐不问累金凤）

延庆话：北京冬奥会高山滑雪举办地小海坨山最高处海拔 2198 米，一时半晌是爬不上去的。

一手托两家

释义：比喻办事要兼顾两方面的利益。

《儿女英雄传》第十七回 1：我们索性在悦来店住下，等上两天，等九太爷你的公忙完了，我再到二十八棵红柳树宝庄相见，将这两件东西当面交代明白。这叫作"一手托两家，耽迟不耽错"。

《儿女英雄传》第二十六回 2：一手托两家，当面锣对面鼓，不问男家要不要，先问女家给不给。

延庆话：作为政府部门，既要照顾企业利益，更要照顾百姓诉求，一手托两家，要一碗水端平。

一　遭

释义：一回，一次。

《红楼梦》1：想当初我和女儿还去过一遭。他们家的二小姐着实响快，会待人倒不拿大。（第六回　贾宝玉初试云雨情　刘姥姥一进荣国府）

《红楼梦》2：林黛玉赶到门前，被宝玉叉手在门框上拦住，笑劝道："饶他这一遭罢。"（第二十一回　贤袭人娇嗔箴宝玉　俏平儿软语救贾琏）

延庆话：年轻人不经过一遭两遭挫折，是不会真正成熟起来的。

一早起

释义：指一个早上的时间。

《水浒传》：那妇人便道："奴等一早起。叔叔，怎地不归来吃早饭？"（第二十四回　王婆贪贿说风情　郓哥不忿闹茶肆）

《初刻拍案惊奇》卷二十三：夫人知道了，恐怕自身有甚山高水低，所以悲哭了一早起了。

延庆话：这不，折腾一早起了，谁劝也不听。

一子儿

释义：一小捆，一小把。

《红楼梦》：（鸳鸯）又拿起一子儿藏香道："这是叫写经

时点着写的。"惜春都应了。（第八十八回　博庭欢宝玉赞孤儿　正家法贾珍鞭悍仆）

延庆话：年轻时一个人一顿能吃半捆挂面，现在年纪大了，一顿只能吃一子儿了。

疑　影

释义：疑惑，怀疑。

《水浒传》：宋江听了，心中疑影，没做道理处。（第三十五回　石将军村店寄书　小李广梁山射雁）

《金瓶梅》第十三回1：金莲虽故信了，还有几分疑影在心。

《金瓶梅》第二十五回2：我到疑影和他有些甚么查子帐，不想走到里面，他和媳妇子在山洞里干营生。

延庆话：单位总有人瞎告状捣乱，老霍早疑影那几个想抢班夺权的人了。

意意思思/意意似似

释义：形容行动迟疑或犹豫不决的样子。延庆话读作"意意呲呲"，意思用法相同。

《金瓶梅》第二十五回：玉楼道："嗔道贼臭肉在那里坐着，见了俺每意意似似，待起不起的，谁知原来背地有这本帐！"

《红楼梦》：贾琏道："前儿我曾回过大哥的，他只是舍不得。我说：'是块肥羊肉只是烫的慌。玫瑰花儿可爱，刺太扎手。咱们未必降的住，正经拣个人聘了罢。'他只意意思思就

丢开手了。你叫我有何法。"（第六十五回　贾二舍偷娶尤二姨　尤三姐思嫁柳二郎）

《儿女英雄传》第二十回：听得声都要走，便有些意意思思的舍不得，眼圈儿一红，不差甚么就像安公子在悦来老店的那番光景，要撒酥儿！

延庆话：你到底愿意还是不愿意和他交朋友，给个痛快话，别总是意意思思的。

影

释义：隐蔽、躲藏起来进行观察。

《水浒传》：只见对面松林里影着一个人，在那里舒头探脑价望。（第六回　九纹龙剪径赤松林　鲁智深火烧瓦罐寺）

《金瓶梅》第六十九回：那平安和画童都躲在角门外伺候。只玳安儿影在帘儿外边听说话儿。

延庆话：收起你那点鬼把戏吧，我影着你不是一天两天了。

瘿袋（yǐng dài）

释义：中医指生在脖子前的一种囊状瘤子，主要是由于碘缺乏引起的甲状腺肿大症。

《醒世姻缘传》第七十八回：不好，我要转转儿，他溜的没了影子。这是脖子里割瘿袋，杀人的勾当哩。

延庆话：从前，由于严重缺碘，哪个村子都可以看到脖子上长着瘿袋的老人。

应景儿/应景

释义：为了适应当前情况而做出的敷衍之举。

《红楼梦》1：贾母笑道："可是我老糊涂了！姨太太别笑话我。你这个姐姐他极孝顺我，不象我那大太太一味怕老爷，婆婆跟前不过应景儿。可是委屈了他。"（第四十六回　尴尬人难免尴尬事　鸳鸯女誓绝鸳鸯偶）

《红楼梦》2：袭人笑道："虽然如此，也该上去陪他们多少应个景儿。"（第六十二回　憨湘云醉眠芍药裀　呆香菱情解石榴裙）

《红楼梦》3：待要再叫几个来，他们都是有父母的，家里去应景，不好来的。（第七十五回　开夜宴异兆发悲音　赏中秋新词得佳谶）

延庆话：这孩子忒懒，家里来客人，他连应景儿打招呼沏茶倒水都不愿意做。

应　心

释义：称心合意。

《生金阁》第三折：爷，这个正叫作没头公事，便要问时也怕难应心么。

《金瓶梅》第七十三回：可是你对人说的，自从他死了，好应心的菜没一碟子儿。

延庆话：人生在世不如意事常八九，应心的人和事不会太多。

有今年没明年

释义：意谓距离死亡不远，没有希望和未来。延庆话多作"有今儿没明儿"，意思用法相似，感情色彩更加浓烈。

《金瓶梅》第七十八回：婆子道："我有今年没明年，知道今日死明日死？我也不怪他。"

延庆话：他都有今儿没明儿的人了，过去的事情就让他过去吧。

有气似的

释义：好像生气似的。

《红楼梦》：宝玉轻轻的叫袭人坐着，央他把紫鹃叫来，有话问他。"但是紫鹃见了我，脸上嘴里总是有气似的，须得你去解释开了，他来才好。"（第一零四回 醉金刚小鳅生大浪 痴公子余痛触前情）

延庆话：他老婆是个恼模样，总像跟谁有气似的，故此人送绰号"小阴天"。

有钱买马无钱置鞍

释义：比喻大的花费舍得、必要的小的费用却舍不得。

《醒世姻缘传》第七十一回：你看这有钱买马无钱置鞍的事么！有本儿开铺子，倒没有厨柜了！

延庆话：很多项目办事轰轰烈烈，但往往最后一公里问题成了盲区和痛点，群众形象比喻为"有钱买马无钱置鞍"。

有人家

释义：指女子已订婚。

《红楼梦》：贾母也知凤姐儿之意，听见已有了人家，也就不提了。（第五十回　芦雪庵争联即景诗　暖香坞雅制春灯谜）

《儿女英雄传》第四十回：俩外外姐姐知道他有人家儿了。

延庆话：这么漂亮的女孩早有人家了，你就死了这份痴心妄想吧。

有一搭没一搭

释义：1. 表示没有话找话说。2. 表示可有可无，无足轻重。

《红楼梦》：宝玉有一搭没一搭的说些鬼话，黛玉只不理。（第十九回　情切切良宵花解语　意绵绵静日玉生香）

《儿女英雄传》第二十回：姑娘道："我不懂，你们有一搭儿没一搭儿的把我小时候的营生回老爷作吗？"

延庆话：对于老王来说，升官发财属于有一搭没一搭的事情，就如同过年捡了个野兔子，有了也行，没有也无所谓。

圆丢丢

释义：很圆的样子。

《西游记》：上面有个紫巍巍，明幌幌，圆丢丢，亮灼灼，

大金葫芦顶。(第四回　官封弼马心何足　名注齐天意未宁)

　　延庆话：新出锅的延庆小吃永宁火烧，个个圆丢丢，焦脆可口。

Z

在家敬父母，何用远烧香

释义：孝敬父母就能得福，不必到远处去求神拜佛。

《儿女英雄传》第二十四回：从来说得好：在家敬父母，何用远烧香。孝父母，不必求佛，上天自然默佑；不孝父母，天且不容，求佛岂能忏悔。

延庆话：有人出门被导游忽悠着给父母烧上千元一炷的高香，竟然忘记了"在家敬父母，何用远烧香"这个简单道理。

早　起

释义：早晨。

《水浒全传》：却说龚端等闹了一个早起，叫庄客搬出酒食，请王庆等吃早膳。（第一百零三回　张管营因姜弟丧身　范节级为表兄医脸）

《红楼梦》1：宝玉忽然想起早起的事来，因笑道："我写的那三个字在那里呢？"（第八回　比通灵金莺微露意　探宝钗黛玉半含酸）

《红楼梦》2：袭人道："一百年还记着呢！比不得你拿着我的话当耳旁风，夜里说了，早起就忘了。"（第二十一回

贤袭人娇嗔箴宝玉　俏平儿软语救贾琏）

延庆话：父亲生前总是告诫我们：说到的就要做到。千万不要"夜里千场梦，早起一场空"。

造

释义：踩。

《儿女英雄传》第三十八回1：老爷连忙回过身来，不想那人一个躲不及，一倒脚，又正造在老爷脚上那个跺指儿的鸡眼上，老爷疼的握着脚"嗳哟"了一声。

《儿女英雄传》第三十八回2：谁知脚底下横不愣子爬着条浪狗，叫我一脚就造了他爪子上了。要不亏我躲的溜扫，一把抓住你，不是叫他敬我一乖乖，准是我自己闹个嘴吃屎！你还说呢！

延庆话：我印象最深的一件事是，小时候不小心一脚造在一条菜花蛇身上，吓得我浑身一激灵。

扎筏子

释义：亦作"扎罚子""扎伐子"。指抓住一点把柄，借题发挥。也比喻拿别人当作立威的惩罚对象和出气对象，达到出气或其他目的。

《金瓶梅》第二十四回：经济道："你老人家不与也罢，如何扎筏子来唬我。"

《红楼梦》1：如今我想，乘着这几个小粉头儿恰不是正头货，得罪了他们也有限的，快把这两件事抓着理扎个筏子，我在旁作证据，你老把威风抖一抖，以后也好争别的理。（第

六十回　茉莉粉替去蔷薇硝　玫瑰露引来茯苓霜）

《红楼梦》2：如今三姑娘正要拿人扎筏子呢，连他屋里的事都驳了两三件，如今正要寻我们屋里的事没寻着，何苦来往网里碰去。（第六十回　茉莉粉替去蔷薇硝　玫瑰露引来茯苓霜）

延庆话1：我告诉你说，想拿我扎筏子门都没有，不信咱们骑着毛驴看唱本——走着瞧！

延庆话2：小香，老古是厚道人，拿他扎筏子有失厚道。

扎煞（zhā sha）

释义：张开，伸开。

《李逵负荆》二折："抖搜着黑精神，扎煞开黄髭髯。"

《红楼梦》：香菱复转身回来，叫住宝玉，宝玉不知有何说话，扎煞着两只泥手，笑嘻嘻的转来。（第六十二回　憨湘云醉眠芍药裀　呆香菱情解石榴裙）

《儿女英雄传》第十五回：他听了，便说道："哦，老爷哪！那么请安。"说着，扎煞着两只胳膊，直挺挺的就请了一个单腿儿安。

延庆话：看到外孙女扎煞着小手晃晃悠悠走过来，我高兴地一把把她抱起来。

扎煞手

释义：五指张开的样子；比喻没钱没办法。

《红楼梦》：湘莲道："这个事也用不着你操心，外头有我，你只心里有了就是。眼前十月初一，我已经打点下上坟的花消。你知道我一贫如洗，家里是没的积聚，纵有几个钱来，随手就光的，不如趁空儿留下这一分，省得到了跟前扎煞手。"（第四十七回　呆霸王调情遭苦打　冷郎君惧祸走他乡）

延庆话：他呀，简直就是夜壶镶金边——好嘴，真到关键时刻也是个只会扎煞手的主儿。

扎手 (zhā shǒu/ zhá shǒu)

释义：扎手（zhā shǒu），不好对付，难办；扎手（zhá shǒu），把手伸进冰冷的水中，感到冷得刺骨。

《醒世姻缘传》第四十三回：张瑞凤对着众人笑道："好个扎手的人！刚才不是咱，这们些人也撺不动他。"

《儿女英雄传》第二十一回："再询一询，怎么个方向儿，扎手不扎手。"

《老残游记》续第一回：道士说："您用手摸摸看，上半多冻扎手，下半截一点不凉，仿佛有点温温的似的，上古传下来是我们小庙里镇山之宝。"

延庆话 1：因为老好人总是吃亏，因此扎手的人越来越多。

延庆话 2：三九寒冬去酸菜缸捞酸菜，冰拔扎手，好一会手才能缓过热乎劲来。

扎窝子

释义：1. 比喻躲在家里，不思有所作为。2. 不合群，自己单独玩耍，做事。延庆话也读作"家窝子"，意思用法一样。

《红楼梦》：老爷小时，何曾象你这么天不怕地不怕的了。还有那大老爷，虽然淘气，也没象你这扎窝子的样儿，也是天天打。（第四十五回　金兰契互剖金兰语　风雨夕闷制风雨词）

延庆话：他家儿子虽说是个一米九的大高个，但却是个整天趴在电脑前玩游戏的扎窝子。

扎挣（zhá zheng）

释义：尽力、勉强支撑。

《红楼梦》1：尤氏道："你是初三日在这里见他的，他强扎挣了半天，也是因你们娘儿两个好的上头，他才恋恋的舍不得去。"（第十一回　庆寿辰宁府排家宴　见熙凤贾瑞起淫心）

《红楼梦》2：贾珍一面拄拐，扎挣着要蹲身跪下请安道乏。（第一十三回　秦可卿死封龙禁尉　王熙凤协理宁国府）

延庆话：张老师特别要强，患病时也扎挣着给学生上课，有几次竟然晕倒在讲桌前。

摘不开

释义：摆脱不了。

《儿女英雄传》第五回：老爷家里有一点摘不开的家务，故此不曾出去。你要哑默悄静的过去，我也不耐烦去请你来了。

延庆话：你这么大的人又不是摘不开奶的孩子，不要跟屁虫似的老跟着我。

择日子 (zhái rì zi)

释义：又称择黄道吉日、择喜日，以求达到趋吉避凶、吉祥如意的结果。

《儒林外史》第四十五回：余大先生、余二先生同张云峰到山里去，亲自复了这地，托祖坟上山主用二十两银子买了，托张云峰择日子。

延庆话：婚丧嫁娶择日子，目的就是求得一个平安吉祥。

择席 (zhái xí)

释义：在某个地方睡惯了，换个地方就睡不安稳，叫择席，也叫择床。

《红楼梦》：黛玉因问道："你怎么还没睡着？"湘云笑道："我有择席的病，况且走了困，只好躺躺罢。你怎么也睡不着？"（第七十六回　凸碧堂品笛感凄清　凹晶馆联诗悲寂寞）

延庆话：妹妹继承了父亲的习惯，晚上睡觉择席，因为这个原因，她很发憷外出旅游或者住亲戚家。

斩　平

释义：非常平整。

《老残游记》第十回：其余三面俱斩平雪白，项是圆的，像城门洞的样子。

延庆话：好的手艺人能用混凝土将地面抹得斩平见光。

展　眼

释义：眨眼，一瞬间。

《西游记》：口念颂子道："死的去，活的住，死的去，活的住！"念了七遍，提起篮儿，但见那篮里亮灼灼一尾金鱼，还展眼动鳞。（第四十九回　三藏有灾沉水宅　观音救难现鱼篮）

《红楼梦》1：刘姥姥心中想着："这是什么爱物儿？有甚用呢？"正呆时，只听得当的一声，又若金钟铜磬一般，不防倒唬的一展眼。（第六回　贾宝玉初试云雨情　刘姥姥一进荣国府）

《红楼梦》2：展眼到了十四日，黑早，赖大的媳妇又进来请。（第四十七回　呆霸王调情遭苦打　冷郎君惧祸走他乡）

延庆话：高山滑雪运动员太牛了，一展眼就滑出几百米。

捵布（zhǎn bù）

释义：抹布。

《水浒传》：阮小七叫上水手来，舀了舱里的水，把捵布都抹了。（第七十五回　活阎罗倒船偷御酒　黑旋风扯诏骂钦差）

延庆话：人家把你当作捵布用，你还不知道吗？

张家长李家短

释义：贬义词，指背后胡乱议论邻居间的琐事。

《水浒传》：那婆子吃了许多酒，口里只管夹七带八嘈，正在那里张家长李家短，说白道绿。（第二十一回　虔婆醉打唐牛儿　宋江怒杀阎婆惜）

《二刻拍案惊奇》卷一：船中你说张家长，我说李家短。不一会，行至湖中央。

延庆话：孙大妈号称村中的"路透社小广播"，村中张家长李家短她全部门清。

招

释义：招惹。

《红楼梦》1：贾母笑道："我才好了，你倒来招我。你妹妹远路才来，身子又弱，也才劝住了，快再休提前话。"（第三回　贾雨村夤缘复旧职　林黛玉抛父进京都）

《红楼梦》2：莺儿听见这话似乎又是疯话了，恐怕自己招出宝玉的病根来，打算着要走。只见宝玉笑着说道："傻丫头，我告诉你罢——"（第一一八回　记微嫌舅兄欺弱女　惊谜语妻妾谏痴人）

延庆话：这家伙不能招，招来你就撵不走了。

招　护

释义：照顾，关照。延庆话也作"招呼"，意思用法一样。

　　《儿女英雄传》第十回1：张老道："这样敢是好，我可招护车去了，你们娘儿们收拾收拾，也是时候儿了，上车罢。"

　　《儿女英雄传》第十三回2：安老爷听了道："就是这样。如今我第一桩大事，就是你这个女婿。他只管这么大了，还得有个常人儿招护着。这几日里边有个媳妇，不好叫他在里头不周不备，我可就都求了亲家了。"

　　延庆话：那边人多我去招呼一下，这边麻烦你招呼一下。

着了气

　　释义：生气。延庆话多作"着气"，意思用法一样。

　　《初刻拍案惊奇》卷六：奇娘子道："奴着了气，一径回来了，不与他开口。"

　　《红楼梦》：晴雯方才又闪了风，着了气，反觉更不好了，翻腾至掌灯，刚安静了些。（第五十二回　俏平儿情掩虾须镯　勇晴雯病补雀金裘）

　　延庆话：老哥，还着气呢，自己的孩子何必呢？

找　补

　　释义：把不足的补上。

　　《红楼梦》1：贾琏道："已经完了，难道还找补不成？况且与我又无干。二则老爷亲自吩咐我请太太的，这会子我打发了人去，倘或知道了，正没好气呢，指着这个拿我出气罢。"（第四十七回　呆霸王调情遭苦打　冷郎君惧祸走他乡）

　　《红楼梦》2：回去好好的睡一夜，明日一早过来，我还

要找补，叫你们再乐一天呢。（第一零八回　强欢笑蘅芜庆生辰　死缠绵潇湘闻鬼哭）

延庆话：天气不早了，大家赶紧把手头没干完的活找补找补，下班我请大家喝酒。

折　证

释义：辩白，对质，作证。

《西游记》：教你推情察理，快解放他；不然，就叫你去阴司折证也！（第九十七回　金酬外护遭魔蛰　圣显幽魂救本原）

《长生殿·密誓》：长生殿里盟私订。问今夜有谁折证？（生指介）是这银汉桥边，双双牛女星。

延庆话：平白无故被人冤枉，老杨当然要据理力争进行折证。

真个的

释义：的确，真的。

《儿女英雄传》第二十二回 1：褚大娘子道："真个的，我也到那边看看去。"说着，起身就走。

《儿女英雄传》第三十六回 2：安太太见老爷难得有这等一桩俯顺群情的事，也自高兴，便闲谈道："真个的，既是例上有的，怎么如今外省还有个体统，京里的官员倒不许他使呢？"

延庆话：真个的，我就不相信白羊羔不吃黑料豆。

震吓 (zhèn hè)

释义：威胁，恐吓。

《红楼梦》：凤姐儿道："我没一个钱！有钱也不给，只管叫他告去。也不许劝他，也不用震吓他，只管让他告去。告不成倒问他个以尸讹诈！"（第四十四回　变生不测凤姐泼醋　喜出望外平儿理妆）

延庆话：这孩子虽然顽劣异常，但最怕他二姨夫，赶明儿让他二姨夫震吓震吓他。

镇唬

释义：镇吓蒙唬。

《红楼梦》：待要赶了他们去，又怕他们得了意，以后越发来劝；若拿出做上的规矩来镇唬，似乎无情太甚。（第二十一回　贤袭人娇嗔箴宝玉　俏平儿软语救贾琏）

延庆话：张星刚当上经理，就学会狐假虎威镇唬弟兄们，动不动就说这是大领导的意思，要不你找大领导说去。

争竞

释义：为名利而争逐奔走，亦泛指互相争胜；争执，计较。

《水浒传》：两个因和本乡一个财主争竞，把他一门良贱尽都杀了，聚集起五七百人，占住白虎山，打家劫舍。（第五十七回　徐宁教使钩镰枪　宋江大破连环马）

《西游记》1：原来那猴王，已打破盘中之谜，暗暗在心，所以不与众人争竞，只是忍耐无言。（第二回　悟彻菩提真妙理　断魔归本合元神）

《西游记》2：行者笑道："你这先生好小家子样！若要树活，有甚疑难！早说这话，可不省了一场争竞？"大仙道："不争竞，我肯善自饶你？"（第二十六回　孙悟空三岛求方　观世音甘泉活树）

《警世通言》第二十四卷：王爷笑曰："我年大了，无多田产，日后恐怕大的二的争竞，预先分为两分。"

延庆话：不就是一个校级先进吗，你何必那么没完没了地争竞呢？

争　嘴

释义：争吃的。

《酷寒亭》三折：把一个水答饼划做两块，一个孩儿与了半个。那孩儿欢喜，接在手里，番来番去，吊在地下，那婆娘说两个争嘴。

《水浒传》：那军校道："皇帝赐俺一瓶酒、一斤肉，你都克减了。不是我们争嘴，堪恨你这厮们无道理，佛面上去刮金！"（第八十三回　宋公明奉诏破大辽　陈桥驿滴泪斩小卒）

《醒世姻缘传》第七十八回："你这们争嘴，不害羞么？"

延庆话：小时候兄弟姐妹多，家里很穷。除非来了客人，我们才能争嘴吃到几口鸡蛋和猪肉。母亲因此感叹：客人来了主人福，客人走了主人哭。

挣命 （zhèng mìng）

释义：为活命而挣扎；临死前的挣扎。

《西游记》：沙僧放下吊桶，取出降妖宝杖，不对话，着头便打。那道人躲闪不及，把左臂膊打折，道人倒在地下挣命。沙僧骂道："我要打杀你这孽畜，怎奈你是个人身！"（第五十三回　禅主吞餐怀鬼孕　黄婆运水解邪胎）

《红楼梦》：晴雯道："说不得，我挣命罢了。"（第五十二回　俏平儿情掩虾须镯　勇晴雯病补雀金裘）

《初刻拍案惊奇》卷三十一：见势头不好，正待起身要走，被方大赶上，望着温知府一刀，连肩砍着，一交跌倒在地下挣命。

延庆话 1：你都 70 岁的年纪了，可别这么挣命奔波了，儿孙总有儿孙福。

延庆话 2：看到家里的大肥猪中毒挣命要死，全家人都伤心地哭了。

知不道

释义：不知道。

《醒世姻缘传》第四十五回：狄员外说："家里娇养惯的孩子，知不道好歹，随他罢。"

《聊斋俚曲集·翻魇殃》：知不道他那心腹，见了他也就心惊，也就心惊，久下来，才倾心吐胆把你敬。

延庆话：当我上大学用"知不道"表示否定时，城里同学非常惊讶我为什么不说"不知道"。

吱嗽 (zhī lóu)

释义：拟声词。

《红楼梦》：那林黛玉正自啼哭，忽听吱嗽一声，院门开处不知是那一个出来。（第二十六回　蜂腰桥设言传心事　潇湘馆春困发幽情）

《儿女英雄传》第七回：说着，那声音便到了跟前，接着听得扯的那关门的锁链子响，又一阵铃声，那扇背板便从里边吱嗽开了。

延庆话：在农村居住时，晚上最烦老鼠在顶棚上"吱嗽""吱嗽"地掐架，折腾得人一晚上睡不实。

支 陪

释义：应付，陪伴。

《锦笺记·旅诉》：贱体不快，倘不可辞，烦足下支陪一支陪。

《初刻拍案惊奇》卷二十九：那日央杨老妈约了幼谦，不意有个姨娘到来，要他支陪。

延庆话：有的刚上班的记者拿着鸡毛当令箭，要求支陪可不小，下乡时非要地方主要领导陪同。

直蹶蹶/直橛橛 (zhí juě juě)

释义：亦作"直橛橛"，挺直貌。

《红楼梦》：兴儿直蹶蹶的跪起来回道："这事头里奴才也

不知道。"（第六十七回　见土仪颦卿思故里　闻秘事凤姐讯家童）

《儿女英雄传》第三十八回1：华忠一旁看见，口里咕囔道："得了，我们老爷索兴越交越脚高了！"便走上去直橛橛的说道："回老爷，这天西北阴上来了，咱们可没带雨伞哪！"

《儿女英雄传》第四十回2：正看着，又是那个小喜儿跑来说道："姑姑哇，你瞧，了不得了！老爷那儿咦溜哇喇的翻着满洲话合大爷生气，大爷直橛橛的跪着给老爷磕头陪不是呢！"

延庆话：这孩子小时候别提有多倔了，和父母闹起牛来，他就赤条条直蹶蹶地站在被卧垛边，谁劝也不听。

直眉瞪眼

释义：形容发脾气或发呆的样子。

《儿女英雄传》第二十一回：只见他把那馒头合芝麻酱推开，直眉瞪眼白着嘴划拉了三碗饭，说："得了。你再给我点滚水儿喝，我也不喝那酽茶，我吃白斋，不喝茶。"

延庆话：这是你爹，别动不动就和他直眉瞪眼歪脖横狼地耍毛驴。

直　声

释义：直着嗓子嚎叫，形容非常痛苦。

《金瓶梅》第三十五回：西门庆喝令："与我放了。"两个排军向前解了拶子，解的直声呼唤。

延庆话：晚上在生产队机麦子时，兰英的一只手被卷进了机器，痛得她直声尖叫起来。

直着脖子

释义：挺直脖子拼命挣扎。

《红楼梦》：小丫头道："回来说晴雯姐姐直着脖子叫了一夜，今日早起就闭了眼，住了口，世事不知，也出不得一声儿，只有倒气儿的分儿了。"（第七十八回　老学士闲征姽婳词　痴公子杜撰芙蓉诔）

《儿女英雄传》第四回：无奈自己说话向来是低声静气慢条斯理的惯了，从不会直着脖子喊人。

延庆话：你别直着脖子乱嚷，有理不在声高，有话慢慢说。

治的病治不得命

释义：指命里注定要死的病，怎么治也保不住命。

《红楼梦》：秦氏笑道："任凭神仙也罢，治的病治不得命。婶子，我知道我这病不过是挨日子。"（第十一回　庆寿辰宁府排家宴　见熙凤贾瑞起淫心）

延庆话：许多年老多病的父母，往往都会对儿女说："治的病治不得命，你们都尽心了，以后也不用再花钱治了。"

诌（zhōu）

释义：信口胡说，编瞎话，也有自谦的成分。

《红楼梦》：别说他那书上那些世宦书礼大家，如今眼下真的，拿我们这中等人家说起，也没有这样的事，别说是那些大家子。可知是诌掉了下巴的话。（第五十四回　贾太君破陈腐旧套　王熙凤效戏彩斑衣）

《红楼梦》：香菱又逼着黛玉换出杜律来，又央黛玉探春二人："出个题目，让我诌去，诌了来，替我改正。"黛玉道："昨夜的月最好，我正要诌一首，竟未诌成，你竟作一首来。"（第四十八回　滥情人情误思游艺　慕雅女雅集苦吟诗）

延庆话：要说诌，咱就诌，大年初一立了秋。时冬腊月发大水，冲了一地高粱头。（延庆民间歌谣·瞎诌歌）

挴（zhōu）

释义：用手扶住，并向上用力，使物体立起或扶正。延庆话读音为 zhōu，除上述意思用法一样，还有"推搡"的意思。

《金瓶梅》第二十六回 1：缠得西门庆急了，教来安儿挴他起来，劝他回房去了。

《金瓶梅》第三十三回 2：慌了玉楼，便道："姐姐怎的？"连忙挴住他一只胳膊，不曾跌下来。

延庆话：她摔倒了，你挴她一下不行吗？亏你还是个男人！

主不吃，客不饮

释义：在别人家做客要尊重主人。

《镜花缘》第七十八回："今日紫芝妹妹在母舅府上也有半主之分，俗语说的：主不吃，客不饮，就请先出一令。"

延庆话：强宾不压主，主不吃，客不饮，这是老理儿。

挓挠（zhuā náo）

释义：抓破，殴打。"挓"同"抓"，指用指或爪挠。

《秋胡戏妻》第二折：把这厮劈头劈脸泼拳搥，向前来我可便挓挠了你这面皮。

《醒世姻缘传》第二十二回：晁思才就挓挠，晁无晏就招架。

延庆话：小时候男生打架最怕女生挓挠，一挓挠脸就会变成血离呼喇的花瓜。

挓挓（zhuā zhuā）

释义：象声词，比喻人或动物叫声。

《醒世姻缘传》第七十回：陈公道："今日太太喜庆的日子，我且不合这狗攮的说话，这半夜三更，打的叫挓挓的也不好听。"

延庆话：别打麻将了，快回家吧，你们家孩子挓挓叫了半天了！

抓子儿

释义：一种小女孩游戏，将数枚石子或杏核等撒在地上，将小沙包抛向空中，然后接住。在沙包离手到接手的短暂时间里，迅速将地上的石子或杏核等抓起，如此重复，直到将地面上的石子或杏核等抓完为止。延庆话中"抓子儿"读作

"chuā zǐ er"，意义用法相同。

《红楼梦》：看时，只见西边炕上麝月、秋纹、碧痕、紫绡等正在那里抓子儿赢瓜子儿呢。（第六十四回　幽淑女悲题五美吟　浪荡子情遗九龙佩）

延庆话：姐姐心灵手巧，女伴们抓子儿谁也赢不了她。

转磨磨

释义：转圈圈。

《蒲松龄集·富贵神仙》第十三回："你说这喜，若是不会善的，可不就是八十的老翁转磨磨，就晕杀了？"

延庆话：没想到，一个大脖搂（从脖子边上扇过去）打得这个家伙原地转磨磨。

锥子扎不出一声儿来

释义：比喻人的性格柔韧、沉默。

《红楼梦》：（凤姐）又笑道："林之孝两口子，都是锥子扎不出一声儿来的。我成日家说，他们倒是配就了的一对夫妻，一个天聋，一个地哑，那里承望养出这么个伶俐丫头来。——你十几岁了？"红玉道："十七了。"（第二十七回滴翠亭杨妃戏彩蝶　埋香冢飞燕泣残红）

延庆话：纪老头是村里出了名的老好子，面对别人的无理挑衅和孩子们的戏弄，他绝对是锥子扎不出一声儿来的主儿。

蝀

释义：原意为昆虫聚集，也可引申为人群聚集。

《红楼梦》：那祝婆子说："就是这葡萄，刚成珠儿，怪好看的，那马蜂、蜜蜂满满的围着蝀，都咬破了。……姑娘，你瞧咱们说话的空儿没赶，就蝀了许多上来了。"（第六十七回 见土仪颦卿思故里 闻秘事凤姐讯家童）

延庆话：见到大手大脚的老桂又来市场采购，小贩们立刻蝀了上去。

走 扇

释义：窗扇由于变形等原因而关闭不严。

《儿女英雄传》第四回：谁知那门的插关儿掉了，门又走扇，才关好了，吱喽喽又开了；再去关时，从帘缝儿里见那女子对着这边不住的冷笑。

延庆话：这扇门走扇了，为了安全起见，赶紧换新门吧。

嘴吃屎

释义：面向下跌倒，嘴巴接触到地面。

《儿女英雄传》第三十八回：谁知脚底下横不楞子爬着条浪狗，叫我一脚就造了他爪子上了。要不亏我躲的溜扫，一把抓住你，不是叫他敬我一乖乖，准是我自己闹个嘴吃屎。

延庆话：铁锁喜欢摔跤但水平不高，经常被人摔个嘴吃屎。

嘴大舌长/嘴快舌长

释义：形容人话多，传话快，爱搬弄是非。

《金瓶梅》第七回：为女妇人家，好吃懒做，嘴大舌长，招是惹非，不打他，打狗不成？

《儿女英雄传》第二十七回："妇言"不是花言巧语，嘴快舌长，须是不苟言不苟笑，内言不出，外言不入。

延庆话：这家伙三岁没娘，嘴大舌长，成事不足败事有余，尽量别招惹他。

嘴尖舌快

释义：比喻话多而轻率。

《金瓶梅》第四十三回：单管嘴尖舌快的，不管你事也来插一脚。

延庆话：母亲告诫女儿：你总这么嘴尖舌快的，早晚要吃亏的。

嘴头子

释义：1. 伶俐的口齿。2. 指嘴的部位。

《金瓶梅》第三十四回：那平安儿因书童不请他吃东道，把嘴头子撅着，正没好气，半日不答应。

《醒世恒言》第三十卷：那张嘴头子又巧于应变，赛过刀一般快。

延庆话：这哥们儿笔头子快，嘴头子也不蔫乎，几个人也说不过他。

作鼻子头

释义：有"借口""做题目"或"以他人立名"惩戒其他人的意思。比喻整顿秩序先从软弱的、没有靠山的开始。

《红楼梦》：你这一去说了，他们若拿你们也作一二件榜样，又碍着老太太、太太；若不拿着你们作一二件，人家又说偏一个向一个，仗着老太太、太太威势的就怕，也不敢动，只拿着软的作鼻子头。（第五十五回 辱亲女愚妾争闲气 欺幼主刁奴蓄险心）

延庆话：园林小时候特别老实，经常被坏孩子作鼻子头欺负。

坐　席

释义：坐到筵席的座位上，泛指参加宴会。

《红楼梦》："阿弥陀佛，可来了！把花姑娘急疯了！上头正坐席呢，二爷快去罢。"宝玉听说忙将素服脱了，自去寻了华服换上，问在什么地方坐席，老婆子回说在新盖的大花厅上。（第四十三回 闲取乐偶攒金庆寿 不了情暂撮土为香）

延庆话：我们小时候最喜欢父母带着我们去亲朋好友家坐席，一是可以吃好东西解馋，二是可以分到几块糖，三是可以和小伙伴疯闹一番。

作 兴

释义：1. 赞赏、崇拜之意。2. 器重，抬举。3. 指纵容，娇惯。

《红楼梦》：这费婆子原是邢夫人的陪房，起先也曾兴过时，只因贾母近来不大作兴邢夫人，所以连这边的人也减了威势。（第七十一回　嫌隙人有心生嫌隙　鸳鸯女无意遇鸳鸯）

《儒林外史》第四十九回：高翰林道："那里有甚么学问！有了学问倒不做老秀才了。只因上年国子监里有一位虞博士，着实作兴这几个人，因而大家联属。而今也渐渐淡了。"

延庆话：父亲生前说他最作兴的是三姐夫，因为他瓦房手艺高超，喝酒不醉，并且为人低调。

图书在版编目（CIP）数据

明清小说中的延庆话 / 郭东亮著. --武汉：长江
文艺出版社，2022.9
ISBN 978-7-5702-2518-7

Ⅰ. ①明… Ⅱ. ①郭… Ⅲ. ①北方方言－研究－延庆
县 Ⅳ. ①H172.1

中国版本图书馆 CIP 数据核字(2022)第 023480 号

明清小说中的延庆话

MINGQING XIAOSHUOZHONG DE YANQINGHUA

责任编辑：王成晨　　　　　　　　责任校对：毛季慧
封面设计：源画设计　　　　　　　责任印制：邱　莉　　王光兴

出版：长江出版传媒　　长江文艺出版社
地址：武汉市雄楚大街 268 号　　　邮编：430070
发行：长江文艺出版社
http://www.cjlap.com
印刷：武汉中科兴业印务有限公司

开本：880 毫米×1230 毫米　　1/32　　印张：11.125　　插页：1 页
版次：2022 年 9 月第 1 版　　　2022 年 9 月第 1 次印刷
字数：156 千字

定价：58.00 元